1ねん

実力アップ かん字 れんしゅうノート

特別《とくべつ》ふろく

教科書《きょうかしょ》の順《じゅん》に練習《れんしゅう》できる！

東京書籍版
完全準拠

ねん	くみ	なまえ

「かん字れんしゅうノート」はとりはずして使用できます。

もくじ

かん字れんしゅうノート…………東京書籍版 こくご 1ねん

この本《ほん》の つかいかた

- きょうかしょに　出《で》て　くる　かん字《じ》を、たんげんごとに　れんしゅうしましょう。
- 1年生《ねんせい》で　学《がく》しゅうする　かん字　80字を、すべて　しゅつだいして　います。
- すべての　かん字を、正《ただ》しく　かけるように　なれば、ごうかくです。

もじを　かこう
あいうえおの　ことばを　あつめよう
あめですよ

/10もん

だい 1 かい

✪ えを みて、なまえを ひらがなで かきましょう。

もじを　かこう

①

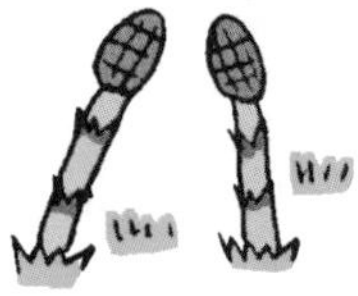

②

③

こ

④

へ

あいうえおの　ことばを　あつめよう

⑤

⑥

ま

⑦

き

⑧

に

あめですよ

⑨

⑩

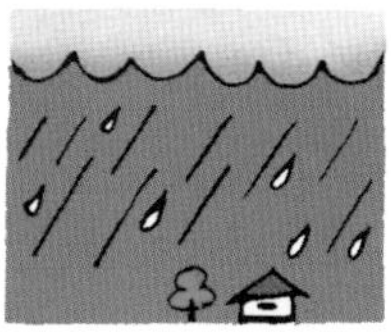

め

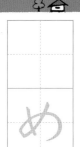

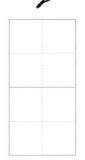

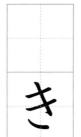

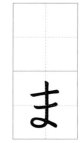

ふたと　ぶた

/10もん

だい 2 かい

✪ えを みて、なまえを ひらがなで かきましょう。

❶
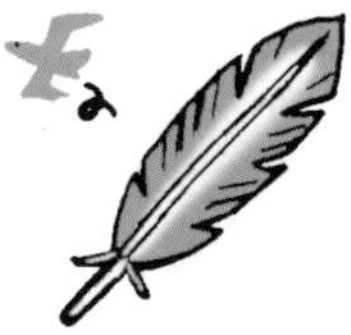

❷
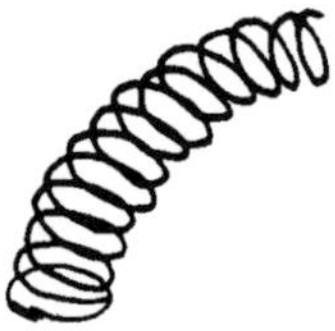

❸
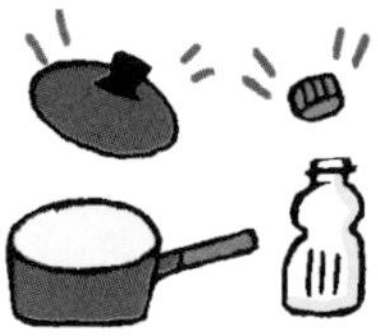

❹
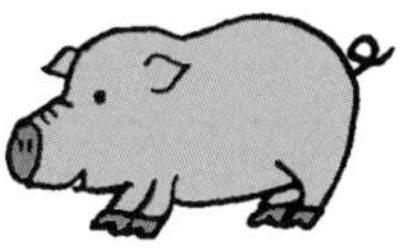

❺
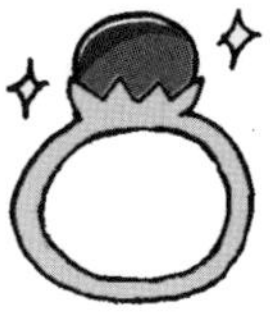
□□わ

❻
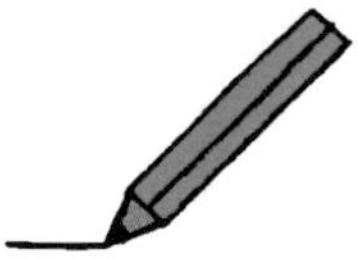
え□□□つ

❼
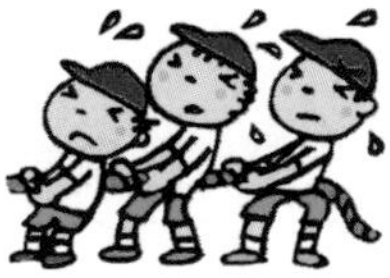
つ□□□

❽
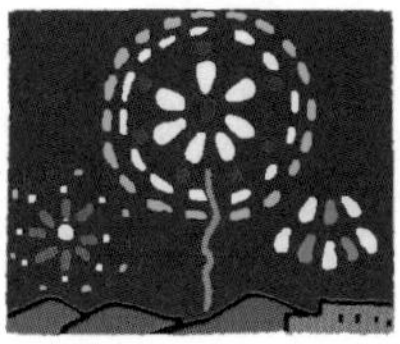
□な□

❾
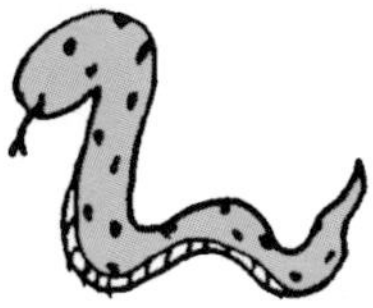
□□

❿
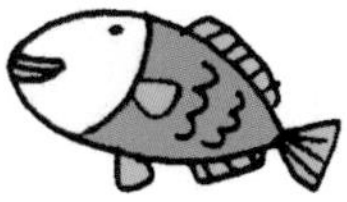
さ□□

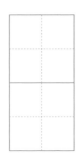

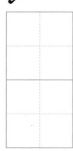

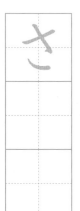

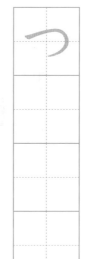

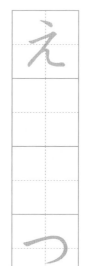

みんなに　はなそう
ぶんを　つくろう

/7もん

だい 3 かい

☆ えを　みて、なまえを　ひらがなで　かきましょう。

みんなに　はなそう

①
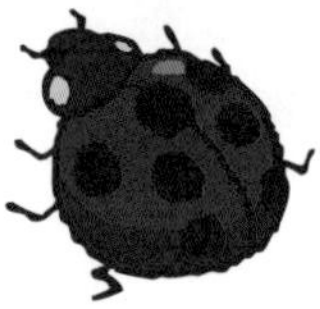
てん

②

ひ

③

か　っ

④
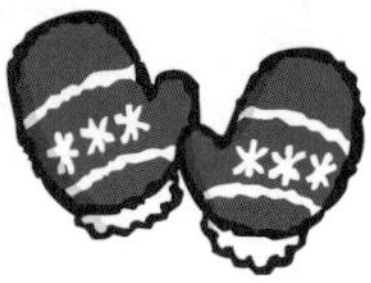
ろ

ぶんを　つくろう

⑤

る

☆ えに　あう　ぶんに　なるように、ひらがなで　ことばを　かきましょう。

⑥

が　お。

⑦

は　る。

とん こと とん
㊮を つかおう

/7もん

だい 4 かい

✪ えを みて、なまえを ひらがなで かきましょう。

とん こと とん

① 

□え

② 

な□□し

③ 

も□ら

㊮を つかおう

④ 

□□

⑤ 

□ん□

✪ えに あう ぶんに なるように、ひらがなで ことばを かきましょう。

⑥ 

ゆきは、

しろ□。

⑦ 

□□は、

あか□。

さとうと しお
(を)(へ)を つかおう

/10もん　だい5かい

☆ えを みて、なまえを ひらがなで かきましょう。

さとうと しお

1 
は□け

(を)(へ)を つかおう

2 
□し

3 
や□

4 
う□

5 
あ□□

☆ を・へ の どちらかを かきましょう。

6 ぼくは、うみ□いきます。

7 わたしは、て□あらいます。

8 さるは、いも□たべます。

9 うまは、こや□いきました。

10 ぼくは、そうじ□しました。

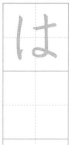

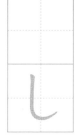

ねこと　ねっこ
ことばあそび

だい6かい　/10もん

☆ えを　みて、なまえを　ひらがなで　かきましょう。

ねこと　ねっこ

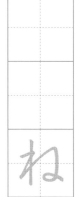

① 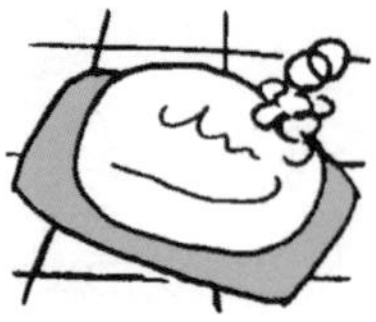
□っ□ん

② 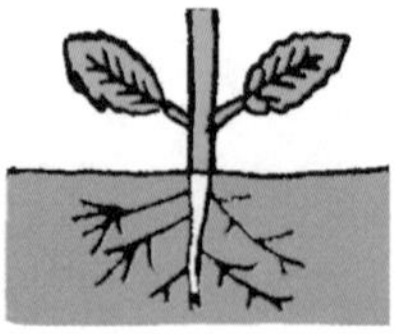
□□こ

③ 
□□ね

④ 

□□□

⑤ 
し□く□

ことばあそび

⑥ 
□ば

⑦ 
す□□

⑧ 
き□□

⑨ 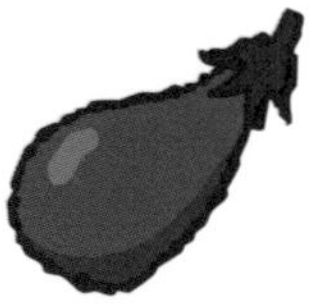
な□

⑩ 
□り□□

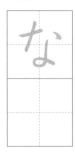

●べんきょうした 日　月　日

あひるの　あくび

/8もん

だい 7 かい

☆ えを みて、なまえを ひらがなで かきましょう。

①

た

②

は

③

だ

④

⑤

ぎ

⑥

⑦

わ

☆ ごじゅうおんひょうを よこに よみましょう。

⑧
あかさたな
はまやらわ

●べんきょうした 日　月　日

のばす　おん
どう　やって　みを　まもるのかな

だい 8 かい

/10もん

☆ えを　みて、なまえを　ひらがなで　かきましょう。

のばす　おん

① 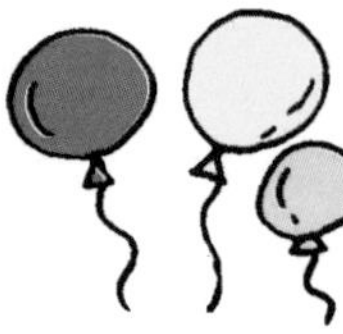

② 

こ□□り

③ 

おに□□□

④ 

おね□□□

⑤ 

おば□さ□

どう　やって　みを　まもるのかな

⑥ 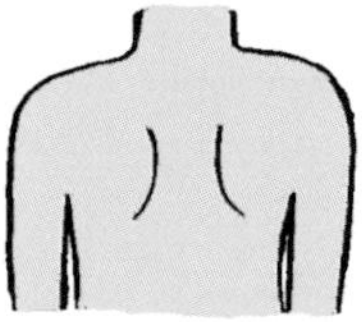

せ□□□

⑦ 

さ□□だ□

⑧ 

と□

⑨ 

お□り

⑩ 

こ□ら

いしやと　いしゃ　おおきな　かぶ　かたかなを　みつけよう

/9もん　だい 9 かい

☆ えを みて、なまえを ひらがなで かきましょう。

いしやと　いしゃ

①

しゃ

②

ゆ　り

③

き

④

び　ん

⑤

に

☆ は・を の どちらかを かきましょう。

おおきな　かぶ

⑥ おじいさんが、たね□まきます。

⑦ まご□、いぬを よんで きました。

☆ えを みて、なまえを かたかなで かきましょう。

かたかなを　みつけよう

⑧

ク　ン

⑨

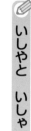

かぞえうた (1)

/11もん　だい10かい

☆ □に かんじを かきましょう。〔　〕には、かんじと ひらがなを かきましょう。

1 〔　〕《ひとつ》の あめ。

2 〔　〕《ふたつ》に わける。

3 〔　〕《みっつ》の やくそく。

4 〔　〕《よっつ》の りんご。

5 ちゃわんが 〔　〕《いつつ》。

6 □《いっ》とうの くじら。

7 □《に》まいの ざぶとん。

8 □《さん》わの みみずく。

9 □《よん》ほんの えんぴつ。

10 □《ご》だいの くるま。

11 □《し》がつの はじめ。

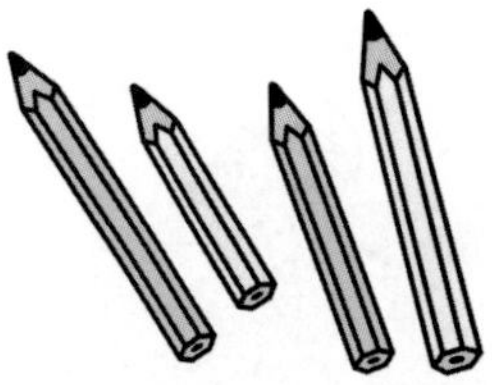

かぞえうた (2)

/12もん

だい 11 かい

☆ □に かんじを かきましょう。〔　〕には、かんじと ひらがなを かきましょう。

① 〔　　〕《むっつ》の くり。

② 〔　　〕《ななつ》の もも。

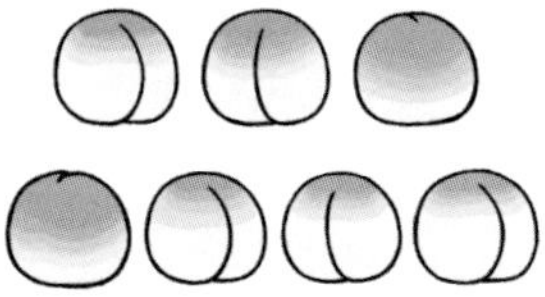

③ はこが 〔　　〕《やっつ》 ある。

④ 〔　　〕《ここのつ》の みかん。

⑤ □《はち》がつ □《とお》か。

⑥ みかんが □《ろっ》こ。

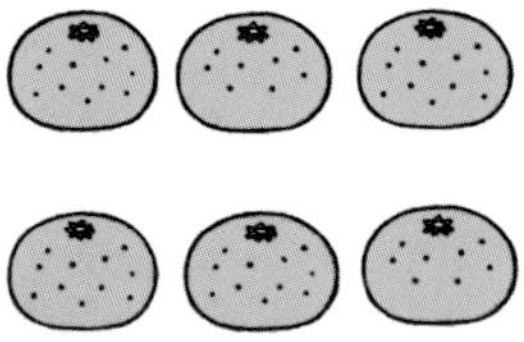

⑦ □《なな》そくの ながぐつ。

⑧ □《はっ》ぴきの やまねこ。

⑨ □《きゅう》つぶの くろまめ。

⑩ □《じゅう》にんの ともだち。

⑪ □《じっ》ぴきの かえる。

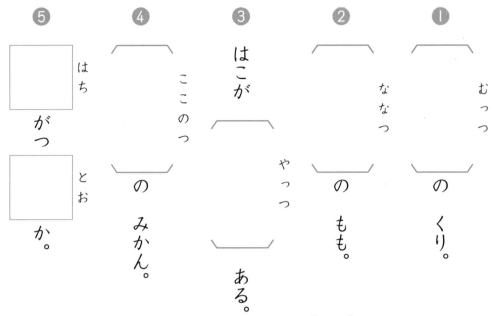

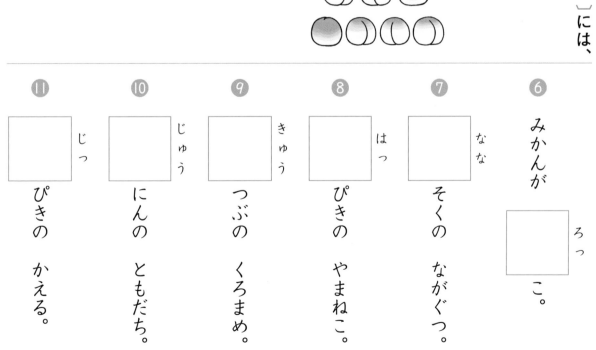

かいがら
かんじの　はなし

/10もん　だい12かい

☆ □に　かんじを　かきましょう。

かんじの　はなし

❶ □《やま》の　かたち。

❷ おおきな　□《き》。

❸ □《かわ》で　あそぶ。

❹ □《め》を　とじる。

❺ □《つき》が　のぼる。

❻ つくえの　□《うえ》。

❼ かいだんの　□《した》。

☆ が・を・への　どれかを　かきましょう。

かいがら

❽ かいがら□　ひろう。

❾ うち□　かえる。

❿ なみの　おと□　きこえる。

サラダで　げんき　(1)

/11もん

だい13かい

☆ □に　かんじを　かきましょう。〔　〕には、かんじと　ひらがなを　かきましょう。

① れいぞうこの　□《なか》。

② 〔　〕《おおきな》　かばん。

③ ねこが　〔　〕《はいって》　くる。

④ となりの　□《いぬ》。

⑤ □《おお》いそぎで　ハムを　〔　〕《いれる》。

⑥ 〔　〕《ちいさな》　おと。

☆ えを　みて、なまえを　かたかなで　かきましょう。

⑦ 

□□□

⑧ 

キ□□ツ

⑨ 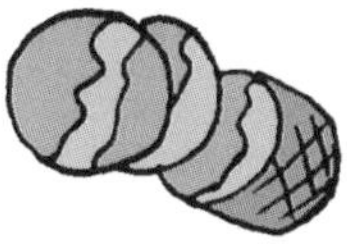

ハ□

⑩ 

□□ト

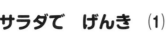

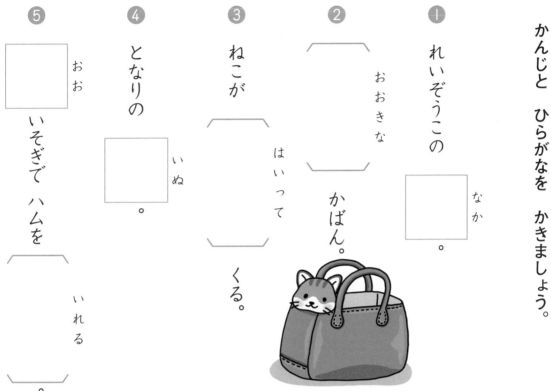

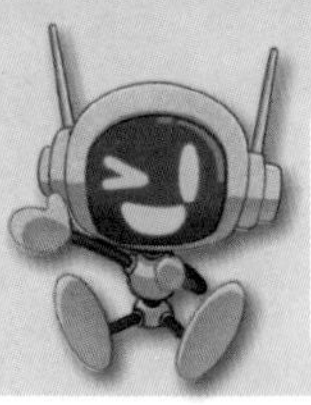

サラダで　げんき　(2)
かたかなを　かこう
なにに　見えるかな

だい 14 かい

/10もん

☆ □に　かんじを　かきましょう。〔　〕には、かんじと　ひらがなを　かきましょう。

サラダで　げんき　(2)

① ほっきょくかいの　□《しろ》　くま。

② こえを　〔　　〕《だす》。

③ □《ちから》づよく　まぜる。

④ そとに　〔　　〕《でる》。

なにに　見えるかな

⑤ はっぱが　むしに　〔　　〕《みえる》。

⑥ □□《せんせい》が　はなす。

⑦ □《き》を　つける。

☆ えを　みて、なまえを　かたかなで　かきましょう。

かたかなを　かこう

⑧ 

□ ツ キ □

⑨ 

□ ユ □ ス

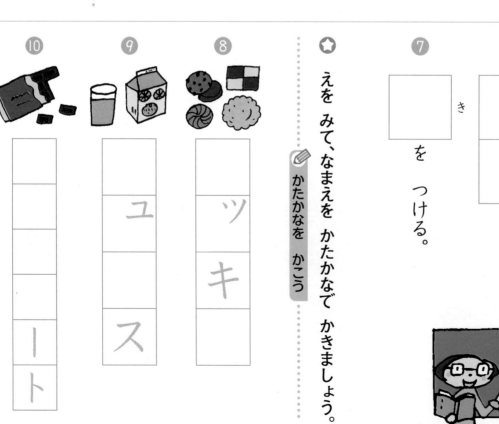

⑩ 

□ □ □ □ ー ト

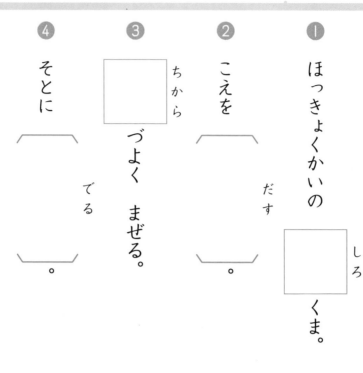

よう日と　日づけ　(1)

だい15かい

/12もん

☆ □に　かんじを　かきましょう。

❶ □《にち》よう□《び》。

❷ □《げつ》ようび。

❸ □《か》ようび。

❹ □《すい》ようび。

❺ □《もく》ようび。

❻ □《きん》ようび。

❼ □《ど》ようび。

❽ たき□《び》を　する。

❾ □《みず》を　やる。

❿ お□《かね》を　はらう。

⓫ □《つち》に　たねを　まく。

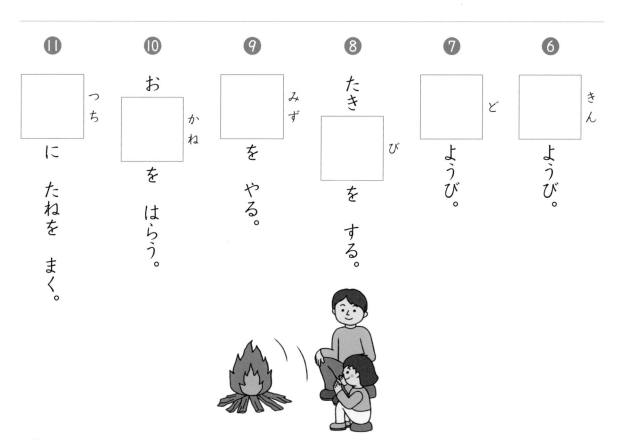

べんきょうした日　月　日

よう日と　日づけ (2)

/10もん

だい16かい

☆ □に　かんじを　かきましょう。

① 九がつ□□《ついたち》。

② 四がつ□□《ふつか》。

③ □□《みっか》かん　やすむ。

④ 五がつ□□《いつか》。

⑤ □□《むいか》めの　あさ。

⑥ 九がつ□□《なのか》。

⑦ 十がつ□□《ようか》。

⑧ 十一がつ□□《ここのか》。

⑨ 十二がつ□□□《はつか》。

⑩ なん□《がつ》なんにちですか。

はっけんしたよ ひらがなを つかおう 1

/13もん

だい17かい

☆ □に かんじを かきましょう。〔　〕には、かんじと ひらがなを かきましょう。

はっけんしたよ

① □《はな》が さく。

② うみの 〔　　〕《いきもの》。

③ □《ぶん》しょうを かく。

④ □《おと》が きこえる。

⑤ □《まち》に ある もの。

ひらがなを つかおう 1

⑥ ただしい □《じ》を かく。

☆ ただしい じに ○を つけましょう。

⑦ としょかん ｛え・へ｝ いく。

⑧ ｛お・を｝りがみ ｛お・を｝ おる。

⑨ ともだち ｛わ・は｝、にこにこ ｛わ・は｝らう。

⑩ ｛え・へ｝いが ｛お・を｝ 見る。

いろいろな　ふね
「のりものカード」を　つくろう
まとめて　よぶ　ことば

だい18かい　/10もん

☆ □に　かん字を　かきましょう。〔　〕には、かん字と　ひらがなを　かきましょう。
（☆は、あたらしい　かん字を　つかった　べつの　ことばです。）

いろいろな　ふね

1 □《ひと》を　はこぶ。

2 きゃくしつで　〔　　〕《やすむ》。

3 じどう□《しゃ》を　はこぶ。

4 □《くるま》が　はしる。

5☆ 気もちが　〔　　〕《やすまる》。

「のりものカード」を　つくろう

6 おもしろい　□《ほん》。

☆ えを　見て、なまえを　かたかなで　かきましょう。

いろいろな　ふね

7  フェ□□

まとめて　よぶ　ことば

8  □□ス

9  □□□

10  □□ト

すきな きょうかを はなそう
ことばで あそぼう／おもい出して かこう
おとうとねずみ チロ (1)

/10もん

だい 19 かい

☆ □に かん字を かきましょう。〔 〕には、かん字と ひらがなを かきましょう。
（☆は、あたらしい かん字を つかった べつの ことばです。）

すきな きょうかを はなそう

① □《がっ》□《こう》へ いく。

② おはなしの □《おん》どく。

おとうとねずみ チロ (1)

③ □《て》がみが とどく。

④ □《あか》が すき。

⑤☆ □《て》ぶくろを あむ。

⑥☆ 〔　　〕《あかい》けいと。

☆ えを 見て、なまえを かたかなで かきましょう。

ことばで あそぼう

⑦ 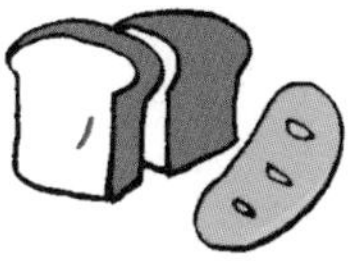
パ□

⑧ 
セ□

おもい出して かこう

⑨ 
レ□□

⑩ 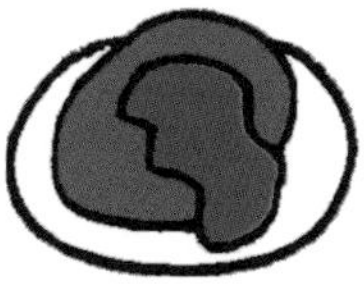
ハ□□□

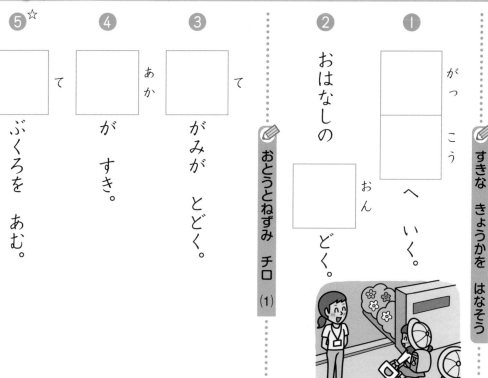

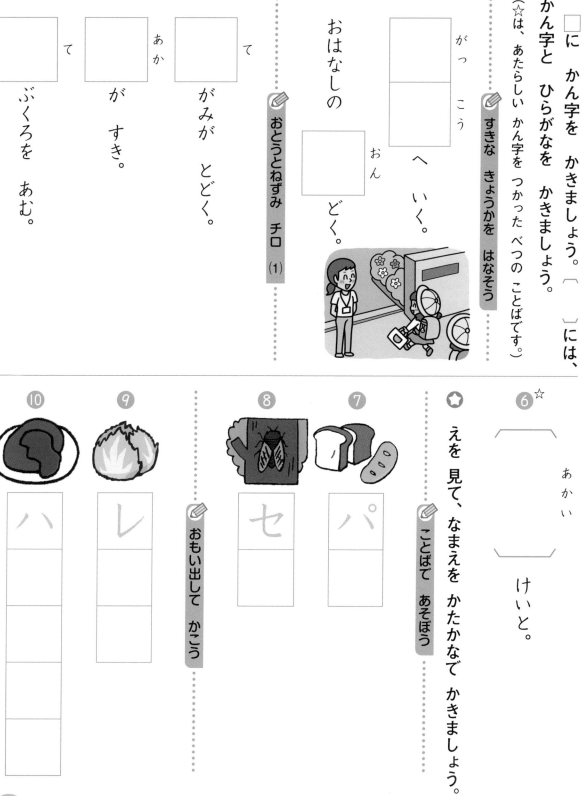

おとうとねずみ　チロ　(2)

だい20かい　/11もん

□に かん字を かきましょう。〔　〕には、かん字と ひらがなを かきましょう。
(☆は、あたらしい かん字を つかった べつの ことばです。)

1 赤と □《あお》の けいと。

2 おとうとの □《な》まえ。

3 てっぺんに 〔　　〕《たつ》。

4 こえを はり 〔　　〕《あげる》。

5 □《くち》を あける。

6 □《みみ》を すます。

7 □《こ》づつみが とどく。

8 □《じん》ぶつの ようす。

9☆ 〔　　〕《あおい》 チョッキ。

10☆ はがきの あて □《な》。

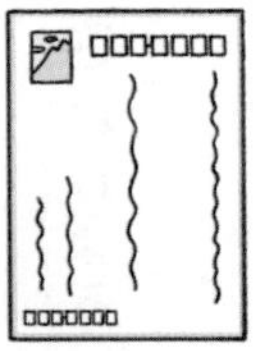

11☆ ゆうえんちの □《で》□《ぐち》。

かん字を　つかおう　1
すきな　おはなしは　なにかな

/10もん

だい21かい

☆ □に　かん字を　かきましょう。

かん字を　つかおう　1

❶ □《おんな》のこが　うたう。

❷ □《こ》どもが　あそぶ。

❸ 小さな　□《おとこ》のこ。

❹ □《かわ》が　ながれる。

❺ □《じゅう》□《に》この　ボタン。

すきな　おはなしは　なにかな

❻ □《よん》かいだての　ビル。

❼ □《いち》□《ねん》三くみ。

❽ 本の　だい□《めい》。

☆ えを　見て、名まえを　かたかなで　かきましょう。

❾ 

カ□□

❿ 

□□ツ

むかしばなしを　たのしもう
おはなしを　かこう／かん字を　つかおう　2
子どもを　まもる　どうぶつたち

/11もん　だい22かい

□に　かん字を　かきましょう。〔　〕には、かん字と　ひらがなを　かきましょう。
（☆は、あたらしい　かん字を　つかった　べつの　ことばです。）

むかしばなしを　たのしもう

① 赤ちゃんが〔　　〕《うまれる》。

おはなしを　かこう

② すもうの□《たい》かい。

③ □《むら》の　おまつり。

かん字を　つかおう　2

④ じてん□《しゃ》に　のる。

⑤ ふねの□《うえ》。

⑥ □《め》が　さめる。

⑦ かばんの□《なか》。

⑧ うさぎの□《みみ》。

子どもを　まもる　どうぶつたち

⑨ □《はや》□《あし》で　とおざかる。

⑩ □《し》そんを　のこす。

⑪☆ あさ〔　　〕《はやく》　おきる。

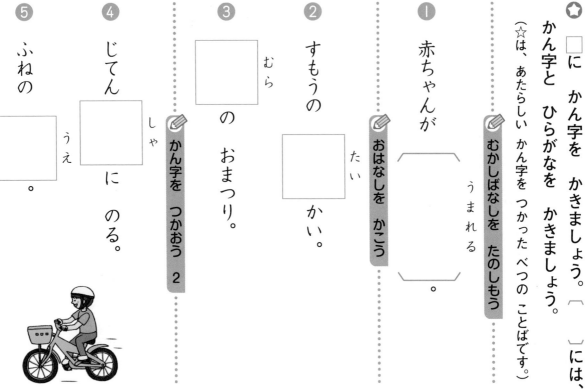

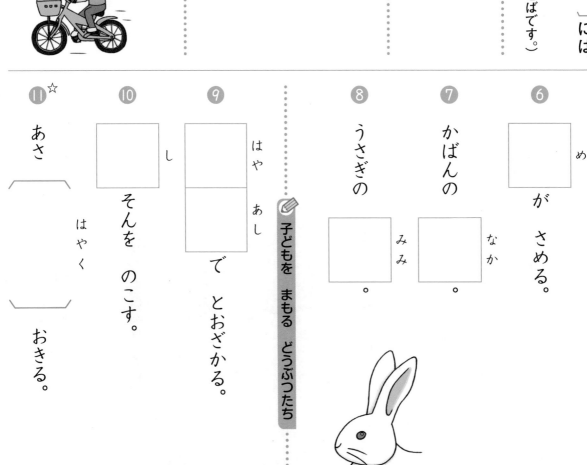

小学校の ことを しょうかいしよう かん字を つかおう 3 (1)

だい23かい

/11もん

☆ □に かん字を かきましょう。
（☆は、あたらしい かん字を つかった べつの ことばです。）

小学校の ことを しょうかいしよう

1 □《しょう》□《がっ》□《こう》へ いく。

2 一年生が □《にゅう》□《がく》する。

3 えん□《そく》に いく。

4 はく□《しゅ》を する。

かん字を つかおう 3 (1)

5 □《みぎ》がわを あるく。

6 みちの □《ひだり》がわ。

7 □《た》んぼが ひろがる。

8 □《せん》にんを こえる 人びと。

9 □《ひゃく》まで かぞえる。

10 みちで、□《じゅう》□《えん》を ひろう。

11☆ そら とぶ □《えん》ばん。

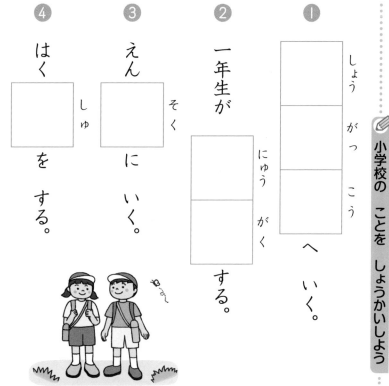

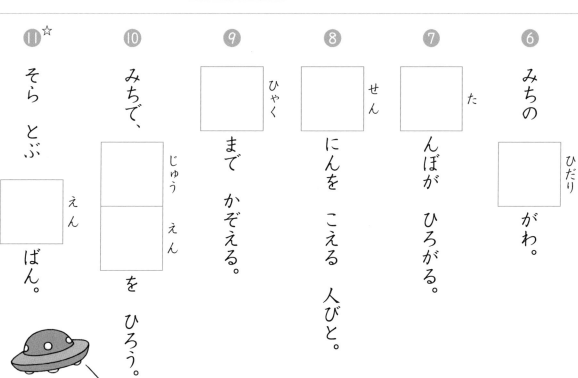

かん字を　つかおう　3　(2)
スイミー

/11もん

☆ □に　かん字を　かきましょう。〔　〕には、かん字と　ひらがなを　かきましょう。
（☆は、あたらしい　かん字を　つかった　べつの　ことばです。）

かん字を　つかおう　3　(2)

1 □《やま》の　上から　見おろす。

2 □《はっ》さつの　ノート。

3 □《きゅう》百円の　本。

スイミー

4 まっくろな　からす　□《がい》。

5 □□《ひとくち》で　たべる。

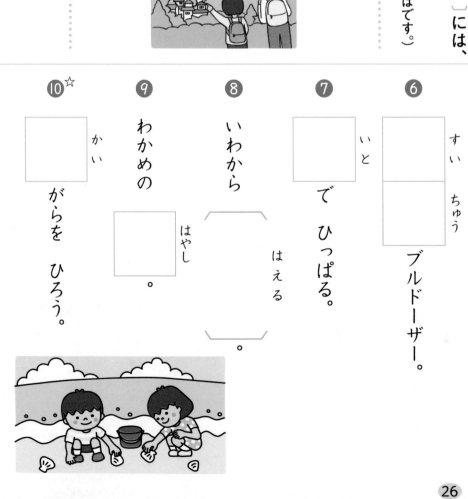

6 □□《すいちゅう》ブルドーザー。

7 □《いと》で　ひっぱる。

8 いわから　〔　　〕《はえる》。

9 わかめの　□《はやし》。

10☆ □《かい》がらを　ひろう。

☆ えを　見て、名まえを　かたかなで　かきましょう。

11 

ゼ□□

かたちの　にて　いる　かん字
一年かんの　おもいでブック

/11もん

だい25かい

☆ □に　かん字を　かきましょう。〔　〕には、かん字と　ひらがなを　かきましょう。
（☆は、あたらしい　かん字を　つかった　べつの　ことばです。）

かたちの　にて　いる　かん字

1 □《さん》□《にん》で　あそぶ。

2 □《いし》を　ひろう。

3 □《たま》のりを　する。

4 □《おう》さまが　いう。

5 〔　　〕《ただしい》字に　なおす。

一年かんの　おもいでブック

6 □《あめ》が　ふる。

7☆ □《みず》□《たま》もよう。

8☆ きれいな　□《こ》□《いし》。

9☆ □《おう》□《じ》さまと　おひめさま。

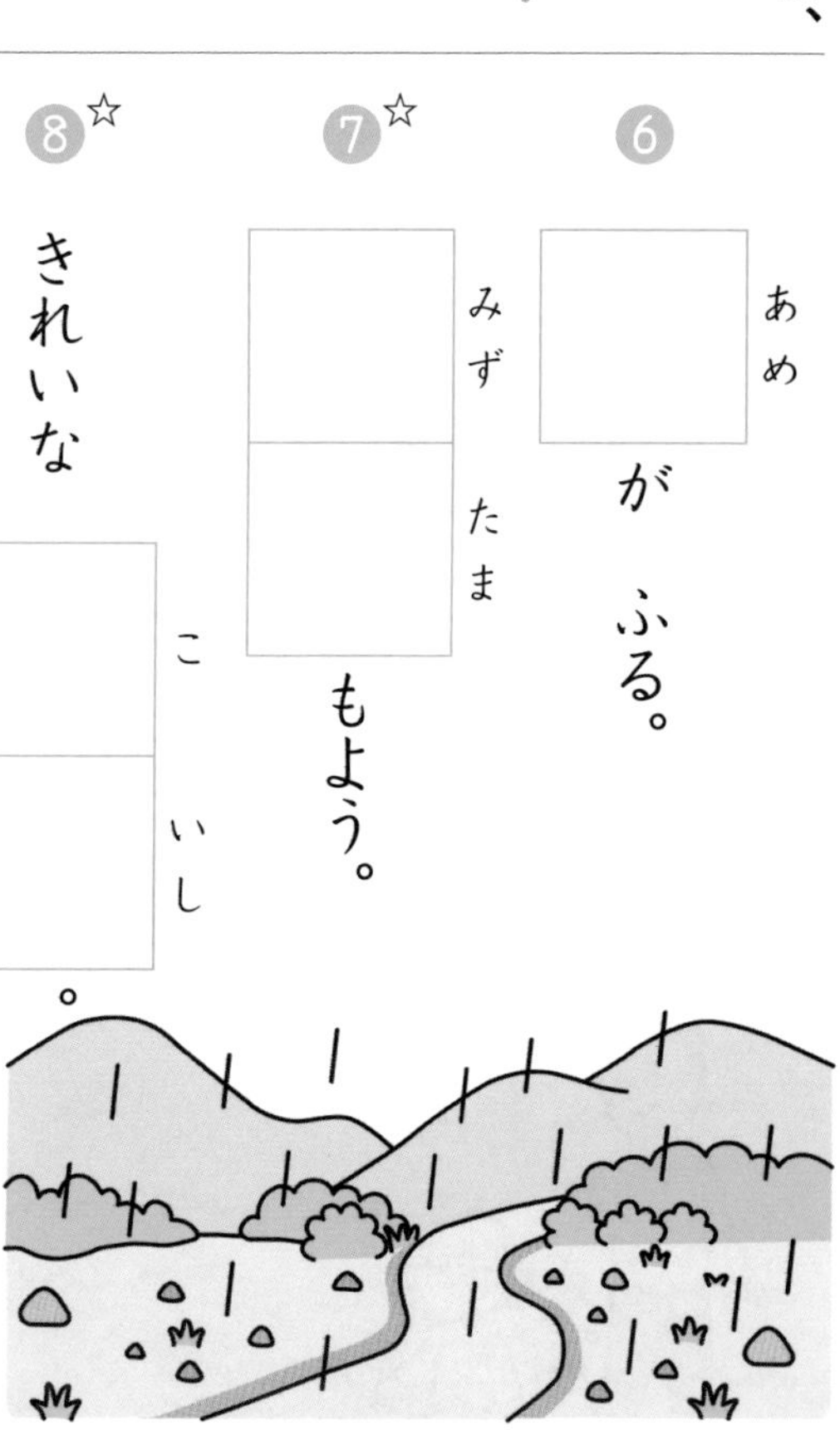

10 ぞうが　□《くさ》を　たべる。

11☆ かえりに　みち□《くさ》を　する。

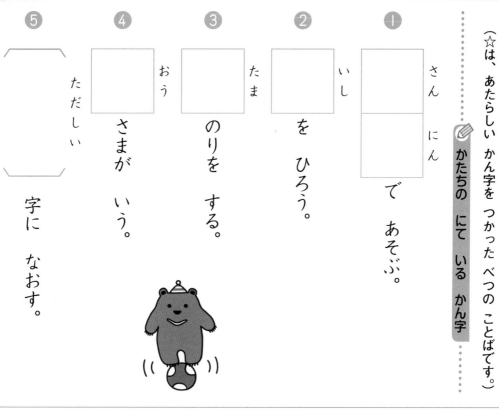

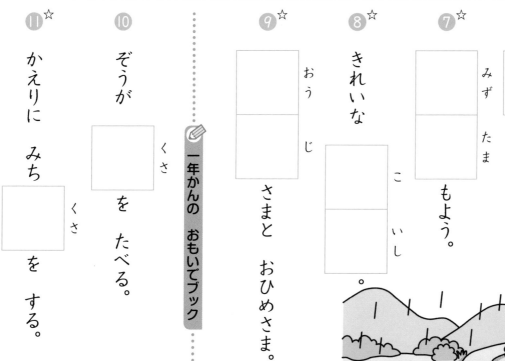

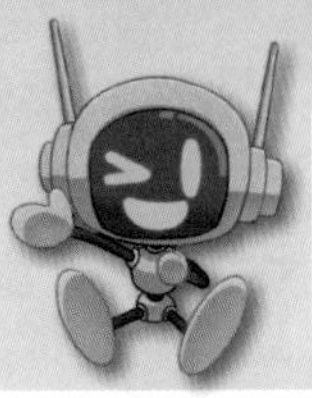

かん字を　つかおう　4

/11もん

だい26かい

☆ □に　かん字を　かきましょう。〔　〕には、かん字と　ひらがなを　かきましょう。

① □《もり》の　うさぎ。

② □《てん》□《き》が　よい。

③ □《たけ》とんぼを　とばす。

④ □《むし》とりを　する。

⑤ きれいな　□《ゆう》やけ。

⑥ □《そら》を　とぶ。

⑦ 〔　　〕《おおきな》はた。

⑧ □《きん》よう日に　プールに　いく。

⑨ 〔　　〕《あかい》りんご。

⑩ 学校が　〔　　〕《やすみ》だ。

⑪ □《て》を　つなぐ。

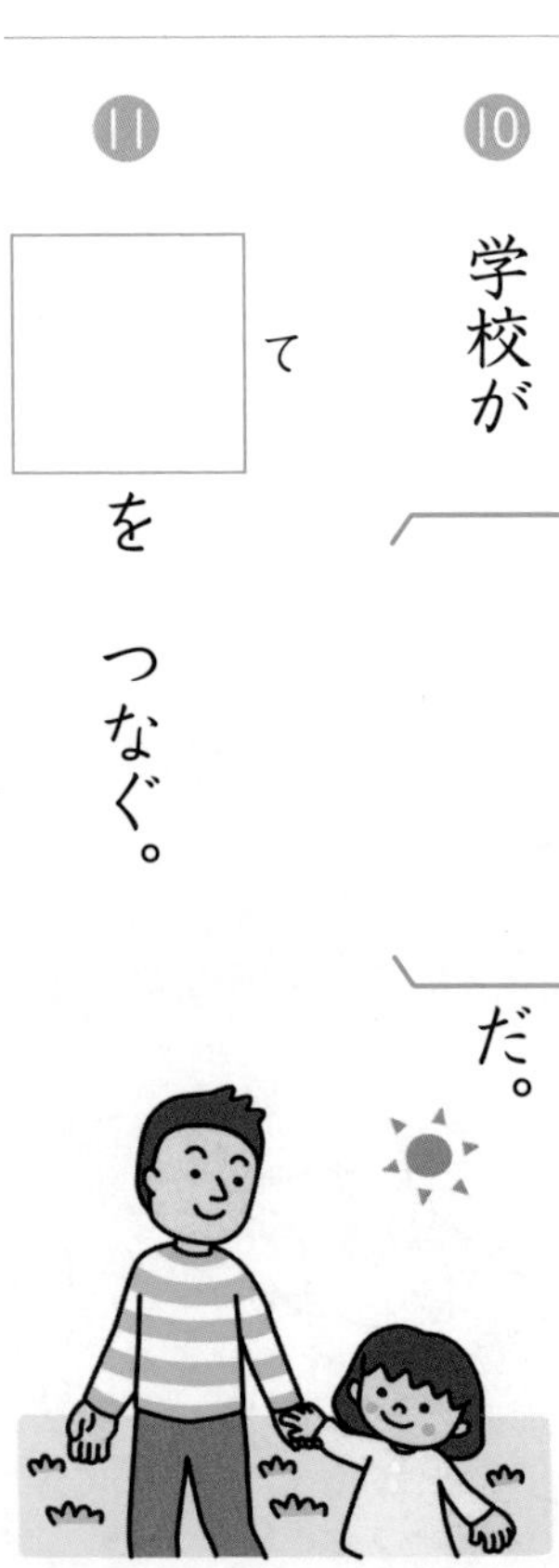

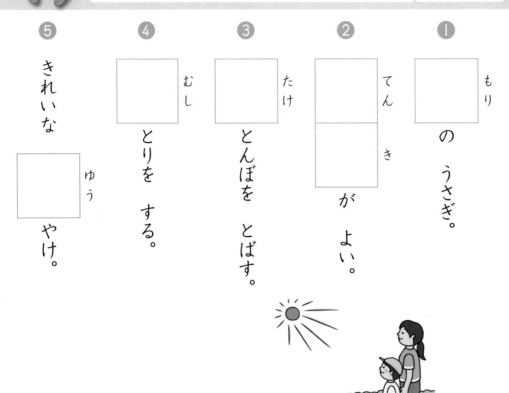

かん字れんしゅうノート こたえ 1ねん

だい1かい
①つくし ②とり
③こい ④へい
⑤あり ⑥うま
⑦えき ⑧おに
⑨かさ ⑩あめ

だい2かい
①はね ②ばね
③ふた ④ぶた
⑤ゆびわ ⑥えんぴつ
⑦つなひき ⑧はなび
⑨へび ⑩さかな

だい3かい
①てんとうむし ②ひとで
③かたつむり ④てぶくろ
⑤よる
⑥さかながおよぐ。
⑦うしがはしる。

だい4かい
①いえ ②なかよし
③もぐら
④わに ⑤りんご
⑥ゆきは、しろい。
⑦かには、あかい。

だい5かい
①はたけ
②ほし ③やま
④うみ ⑤あひる
⑥へ ⑦を
⑧を ⑨へ
⑩を

だい6かい
①せっけん ②ねっこ
③きつね ④きって
⑤しろくま
⑥そば ⑦すみれ
⑧きもの ⑨なす
⑩のりまき

だい7かい
①たぬき ②はち
③らくだ ④かえる
⑤やぎ ⑥さる
⑦わなげ
⑧あかさたなはまやらわ

だい8かい
①ふうせん ②こおり
③おにいさん
④おねえさん
⑤おばあさん
⑥せなか ⑦さかだち
⑧とげ ⑨おしり
⑩こうら

だい9かい
①しゃしん ②きゅうり
③しょっき ④びょういん
⑤にんぎょう
⑥を ⑦は
⑧クレヨン ⑨ボール

だい10かい
①一つ ②二つ
③三つ ④四つ
⑤五つ ⑥一
⑦二 ⑧三
⑨四 ⑩五
⑪四

だい11かい
①六つ ②七つ
③八つ ④九つ
⑤八・十 ⑥六
⑦七 ⑧八
⑨九 ⑩十
⑪十

だい12かい
①山 ②木
③川 ④目
⑤月 ⑥上
⑦下
⑧を ⑨へ
⑩が

こたえ

だい13かい

1中 2大きな 3入って 4犬 5大・入れる 6小さな 7トマト 8キャベツ 9ハム 10ノート

だい14かい

1白 2出す 3力 4出る 5見える 6先生 7気 8クッキー 9ジュース 10チョコレート

だい15かい

1日・日 2月 3火 4水 5木 6金 7土 8火 9水 10金 11土

だい16かい

1一日 2二日 3三日 4五日 5六日 6七日 7八日 8九日 9二十日 10月

だい17かい

1花 2生きもの 3文 4音 5町 6字 7へ 8お・を 9は・わ 10え・を

だい18かい

1人 2休む 3車 4車 5休まる 6本 7フェリー 8ホース 9バナナ 10ヨット

だい19かい

1学校 2音 3手 4赤 5手 6赤い 7パン 8セミ 9レタス 10ハンバーグ

だい20かい

1青 2名 3立つ 4上げる 5口 6耳 7小 8人 9青い 10名 11出口

だい21かい

1女 2子 3男 4川 5十二 6四 7一年 8名 9カード 10バケツ

だい22かい

1生まれる 2大 3村 4車 5上 6目 7中 8耳 9早足 10子 11早く

だい23かい

1小学校 2入学 3足 4手 5右 6左 7田 8千 9百 10十円 11円

だい24かい

1山 2八 3九 4貝 5一口 6水中 7糸 8生える 9林 10貝 11ゼリー

だい25かい

①三人 ②石
③玉 ④王
⑤正しい ⑥雨
⑦水玉 ⑧小石
⑨王子
⑩草 ⑪草

だい26かい

①森 ②天気
③竹 ④虫
⑤夕 ⑥空
⑦大きな ⑧金
⑨赤い ⑩休み
⑪手

わくわくポスター こくご 1年

ひらがな

教科書ワーク

あ	あり	い	いす	う	うし	え	えのぐ	お	おりがみ
か	かさ	き	きつね	く	くつ	け	けいと	こ	こま
さ	さかな	し	しか	す	すいか	せ	せっけん	そ	そらまめ
た	たぬき	ち	ちず	つ	つみき	て	てがみ	と	とら
な	なべ	に	にわとり	ぬ	ぬりえ	ね	ねこ	の	のりまき
は	はさみ	ひ	ひまわり	ふ	ふうせん	へ	へび	ほ	ほん
ま	まくら	み	みかん	む	むしめがね	め	めだか	も	もぐら
や	やかん	(い)		ゆ	ゆきだるま	(え)		よ	ようふく
ら	らくだ	り	りんご	る	いるか	れ	れんこん	ろ	ろうそく
わ	わに	(い)		(う)		(え)		を	えを かく
ん	しんぶん								
っ	きって	ゃ	しゃしん	ゅ	きゅうり	ょ	としょかん		

わくわくポスター

1年 こくご 教科書ワーク

1年生《ねんせい》で ならう かん字《じ》 ①

✪1年生《ねんせい》で ならう かん字《じ》を なかまごとに ならべて あります。
✪赤《あか》い 文字《もじ》は おくりがなです。
✪（ ）は 小学校《しょうがっこう》では ならわない よみかたです。

かず

一
1かく
イチ イツ ひと ひとつ

一《ひと》つ

二
2かく
ニ ふた ふたつ

二《ふた》つ

三
3かく
サン み みつ みっつ

三《みっ》つ

四
5かく
シ よ・よっ よっつ よん

四人《よにん》

五
4かく
ゴ いつ いつつ

五《ご》ひき

六
4かく
ロク む・むっ むっつ むい

六《ろく》さつ

七
2かく
シチ なな ななつ なの

七月《しちがつ》

八
2かく
ハチ や・やっ やっつ よう

八《はち》まい

九
2かく
キュウ ク ここの ここのつ

九《きゅう》こ

十
2かく
ジュウ ジッ （ジュッ） とお・と
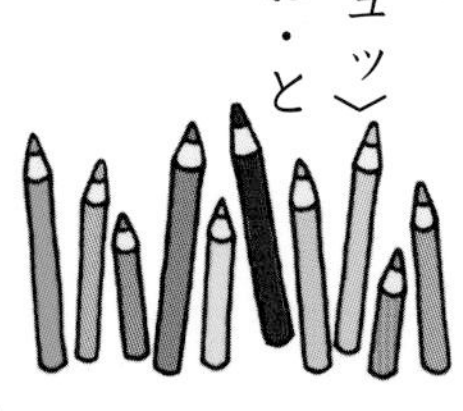
十本《じっぽん》

百
6かく
ヒャク

百円《ひゃくえん》

千
3かく
セン ち

千円《せんえん》

しぜん

山
3かく
サン やま

山《やま》のぼり

川
3かく
（セン） かわ

川《かわ》の 水《みず》

田
5かく
デン た

田《た》んぼ

ようび

日
4かく
ニチ ジツ ひ か

お日《ひ》さま

月
4かく
ゲツ ガツ つき

お月《つき》さま

石
5かく
セキ シャク （コク） いし
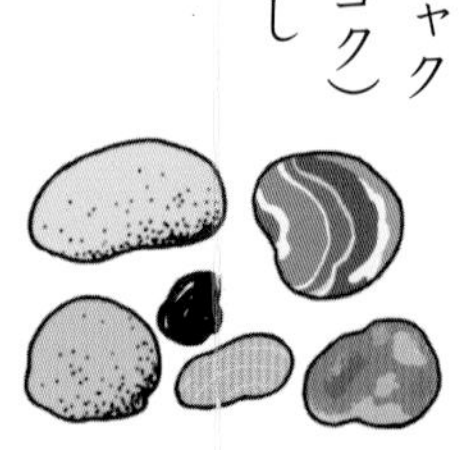
石《いし》ころ

林
8かく
リン はやし

林《はやし》の 中《なか》

森
12かく
シン もり

ふかい 森《もり》

火
4かく
カ ひ （ほ）

火《ひ》が もえる

水
4かく
スイ みず

水《みず》あび

竹
6かく
チク たけ

竹《たけ》うま

草
9かく
ソウ くさ

草《くさ》とり

花
7かく
カ はな

花《はな》ばたけ

木
4かく
ボク モク き こ

木《き》のぼり

金
8かく
キン コン かね かな

お金《かね》

むき

大
3かく
ダイ・タイ おお おおきい おおいに

大《おお》きい 木《き》

中
4かく
チュウ ジュウ なか

へやの 中《なか》

小
3かく
ショウ ちいさい こ お

小《ちい》さい 犬《いぬ》

土
3かく
ド ト つち

土《つち》あそび

上
3かく
ジョウ・（ショウ） うえ・うわ・かみ あげる・あがる のぼる・（のぼせる） （のぼす）

やねの 上《うえ》

下
3かく
カ・ゲ した・しも・（もと） さげる・さがる くだる・くだす くださる おろす・おりる

木《き》の 下《した》

右
5かく
ウ ユウ みぎ

右足《みぎあし》

左
5かく
サ ひだり
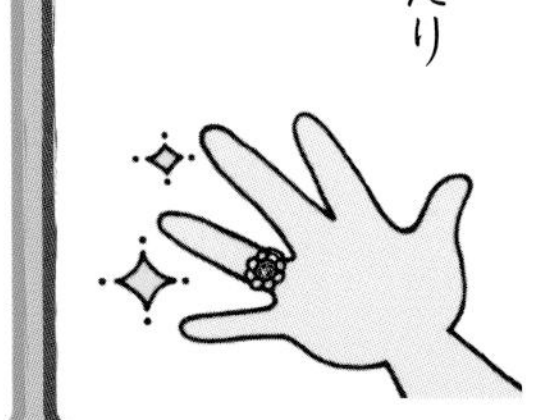
左手《ひだりて》

ようす

正
5かく
セイ・ショウ ただしい ただす まさ

正《ただ》しい こたえ

早
6かく
ソウ・（サッ） はやい はやまる はやめる

あさが 早《はや》い

白
5かく
ハク （ビャク） しろ・しら しろい

白《しろ》くま

青
8かく
セイ （ショウ） あお あおい

青空《あおぞら》

赤
7かく
セキ・（シャク） あか・あかい あからむ あからめる

赤《あか》ちゃん

かたかな

ア アイロン　イ インク　ウ ウインナー　エ エプロン　オ オルゴール

カ カメラ　キ キャラメル　ク クレヨン　ケ ケーキ　コ コアラ

サ サッカー　シ シーソー　ス スープ　セ セーター　ソ ソーダ

タ タオル　チ チーズ　ツ バケツ　テ テーブル　ト トマト

ナ バナナ　ニ ニュース　ヌ カヌー　ネ ネクタイ　ノ ノート

ハ ハムスター　ヒ コーヒー　フ フラミンゴ　ヘ ヘリコプター　ホ ホース

マ マッチ　ミ ミシン　ム ジャム　メ メロン　モ モノレール

ヤ タイヤ　(イ)　ユ ユニホーム　(エ)　ヨ ヨット

ラ ライオン　リ リボン　ル ボール　レ レモン　ロ ロケット

ワ ワンピース　(イ)　(ウ)　(エ)　ヲ

ン ボタン

ッ ベッド　ャ シャツ　ュ ジュース　ョ チョコレート

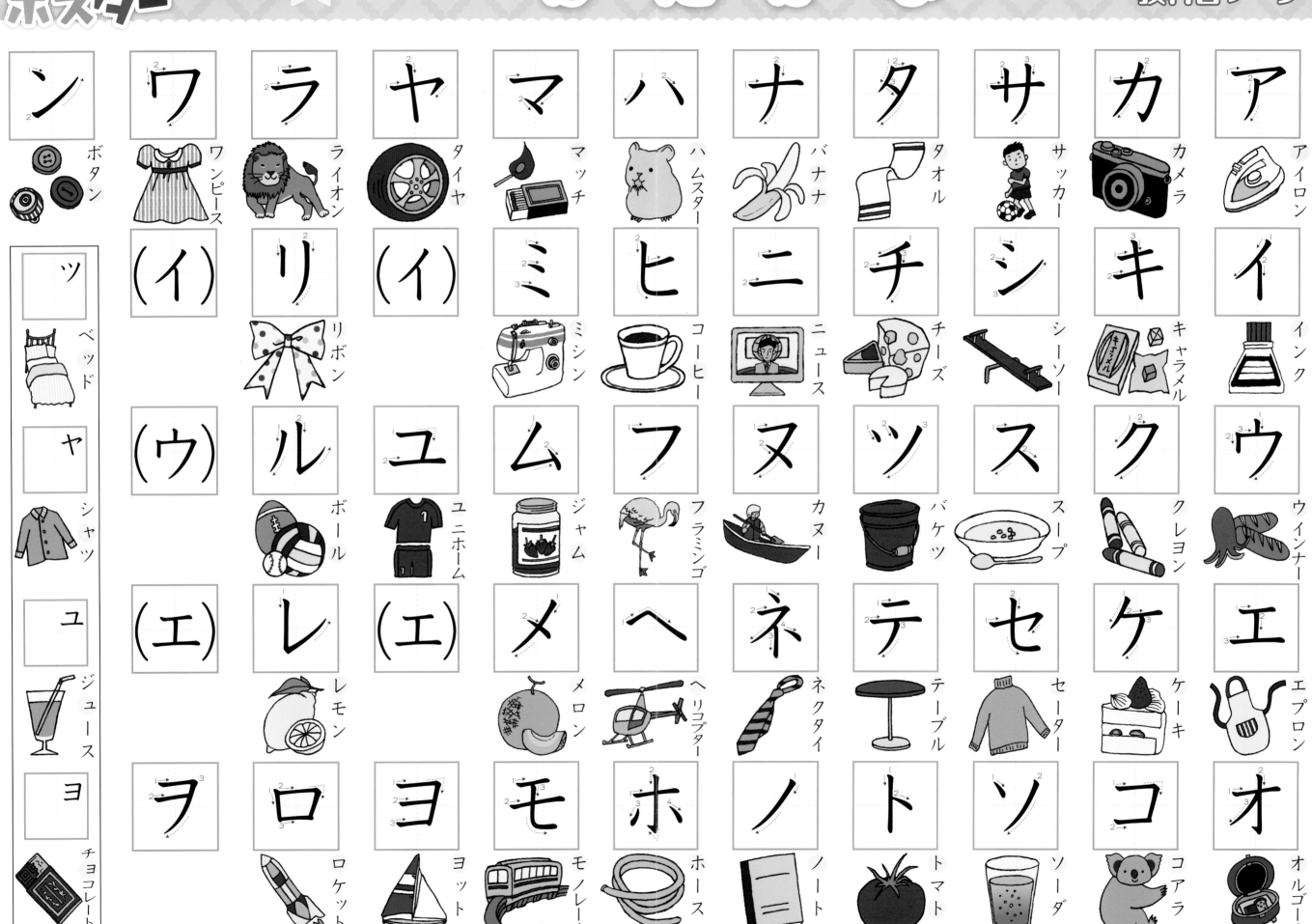

わくわくポスター

1年 こくご 教科書ワーク

1年生《ねんせい》で ならう かん字《じ》 ②

☆1年生《ねんせい》で ならう かん字《じ》を なかまごとに ならべて あります。
☆赤《あか》い 文字《もじ》は おくりがなです。
☆（ ）は 小学校《しょうがっこう》では ならわない よみかたです。

ひと・からだ

人
2かく
ジン ニン ひと

女《おんな》の 人《ひと》

男
7かく
ダン ナン おとこ

男《おとこ》の子《こ》

女
3かく
ジョ・（ニョ） （ニョウ） おんな （め）

女《おんな》の子《こ》

子
3かく
シ ス こ

子《こ》ども

王
4かく
オウ

王子《おうじ》

口
3かく
コウ ク くち

口《くち》ぶえ

目
5かく
モク （ボク） め （ま）

目《め》ぐすり

耳
6かく
（ジ） みみ
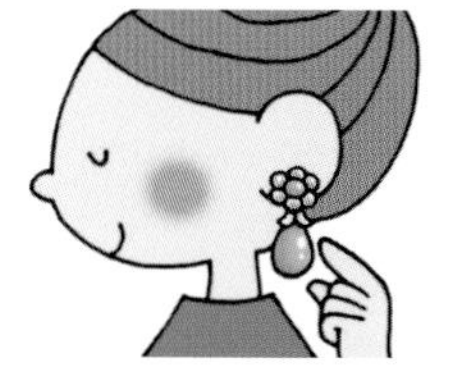
耳《みみ》かざり

手
4かく
シュ て （た）

手《て》ぶくろ

足
7かく
ソク あし たりる たる・たす

かけ足《あし》

力
2かく
リョク リキ ちから

力《ちから》もち

気
6かく
キ ケ

気《き》もち

そら

雨
8かく
ウ あめ あま

大雨《おおあめ》

空
8かく
クウ そら あく・あける から

はれた 空《そら》

夕
3かく
（セキ） ゆう

夕日《ゆうひ》

天
4かく
テン （あめ） あま

天気《てんき》

がっこう

学
8かく
ガク まなぶ

小学生《しょうがくせい》

校
10かく
コウ

学校《がっこう》

年
6かく
ネン とし

一年生《いちねんせい》

先
6かく
セン さき

先生《せんせい》

生
5かく
セイ・ショウ いきる・いかす いける・うまれる うむ・（おう） はえる・はやす （き）・なま

ひなが 生《う》まれる

本
5かく
ホン もと

本《ほん》を よむ

文
4かく
ブン モン （ふみ）

文《ぶん》を かく

字
6かく
ジ （あざ）

かん字《じ》

名
6かく
メイ ミョウ な

名《な》ふだ

せいかつ

車
7かく
シャ くるま

じどう車《しゃ》

円
4かく
エン まるい

円《えん》ばん

いきもの

犬
4かく
ケン いぬ

名犬《めいけん》

虫
6かく
チュウ むし

かぶと虫《むし》

貝
7かく
かい

貝《かい》がら

音
9かく
オン （イン） おと ね

ふえの 音《ね》

糸
6かく
シ いと

ほそい 糸《いと》

玉
5かく
ギョク たま

しゃぼん玉《だま》

町
7かく
チョウ まち

大《おお》きな 町《まち》

村
7かく
ソン むら

村《むら》まつり

うごき

見
7かく
ケン みる みえる みせる

えを 見《み》る

立
5かく
リツ （リュウ） たつ たてる

まっすぐ 立《た》つ

休
6かく
キュウ やすむ やすまる やすめる

ゆっくり 休《やす》む

入
2かく
ニュウ いる いれる はいる

入り口《いりぐち》

出
5かく
シュツ （スイ） でる だす

出口《でぐち》

教科書ワーク

もくじ

東京書籍版

こくご1ねん

動画　コードを読《よ》みとって、下《した》の番号《ばんごう》の動画《どうが》を見《み》てみよう。

【イラスト】artbox、いけべけんいち。、かつまたひろこ、クリエイティブ・ノア、下間文恵、TICTOK、陽菜ひよ子、ユニックス

きほんのワーク

えんぴつで せんを なぞって みよう

もくひょう

●えんぴつで いろいろな せんを ひく れんしゅうを しよう。
●えんぴつの ただしい もちかたを しろう。

べんきょうした日

月　日

おわったら シールを はろう

えんぴつを もって かいて みよう

正《ただ》しい しせい

- せなかを まっすぐ のばします。
- からだと つくえの あいだを すこし あけます。
- りょうあしを ゆかに つけます。
- えんぴつを もたない ほうの 手《て》で、かみを おさえます。

正《ただ》しい えんぴつの もちかた

- おやゆびと ひとさしゆびで はさむように もち、なかゆびで ささえます。
- なかゆび、くすりゆび、こゆびを かるく まるめて、こゆびは かみに つけます。
- ゆびに 力《ちから》を 入《い》れすぎないように します。

きほんのワーク

きこえるよ よろしくね

きょうかしょ ㊤見返《みかえ》し〜9ページ

こたえ 1ページ

もくひょう
●えの ことを はなす ことが できるように なろう。
●じぶんの なまえを つたえよう。

べんきょうした日 月 日

おわったら シールを はろう

1 えを みて、おはなしを しましょう。

1 おおきな こえで いいましょう。

みんな ともだち
たん たか たん

2 みずたまもようの ふくの こは、なにを して いますか。

3 こどもたちの まわりには、どんな どうぶつが いますか。

4 こどもたちは、どんな はなしを して いると おもいますか。

いえたら いろを ぬりましょう。

1 2 3 4

② じぶんの なまえを つたえましょう。

1 おおきな こえで いいましょう。

いえたら いろを ぬりましょう。

わたしは かわの めいい です。

ぼくの なまえは もり けんた です。

2 あなたの なまえを おおきな こえで いいましょう。

[　]には、「わたし」か「ぼく」を、[　]には、あなたの なまえを いれて よみましょう。

[　]には、あなたの すきな ものの えを かきましょう。

よめたら いろを ぬりましょう。

[　]は [　] です。

かけたら いろを ぬりましょう。

ものしりメモ 「わたしは ○○です。」「ぼくは ○○です。」と じぶんの なまえを いった あとに、じぶんの すきな ものを しょうかいすると よいですね。

きほんのワーク

たのしく かこう／なんて いうのかな
こえを とどけよう

きょうかしょ ㊤10～15ページ

こたえ 1ページ

べんきょうした日 月 日

もくひょう
- ただしい しせいで、えんぴつを ただしく もって、じを かこう。
- いろいろな あいさつを おぼえよう。

おわったら シールを はろう

1 じを かく ときは、どんな しせいで かきますか。
ただしい ほうに ○を つけましょう。

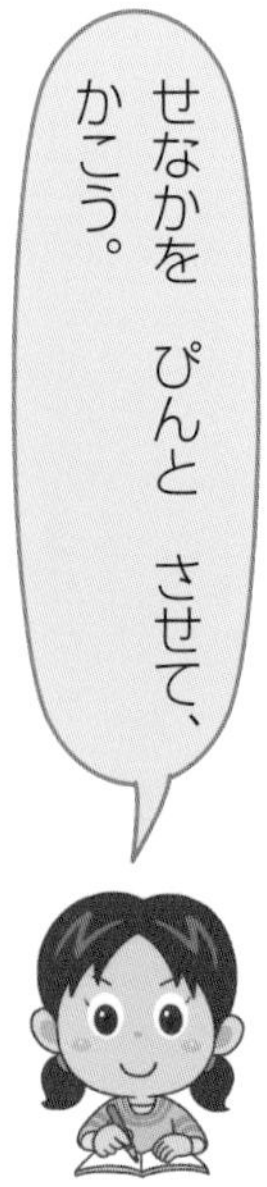
せなかを ぴんと させて、かこう。

2 したの えのように、えんぴつを もちましょう。
ただしく もてたら、□に ◎を かきましょう。

□

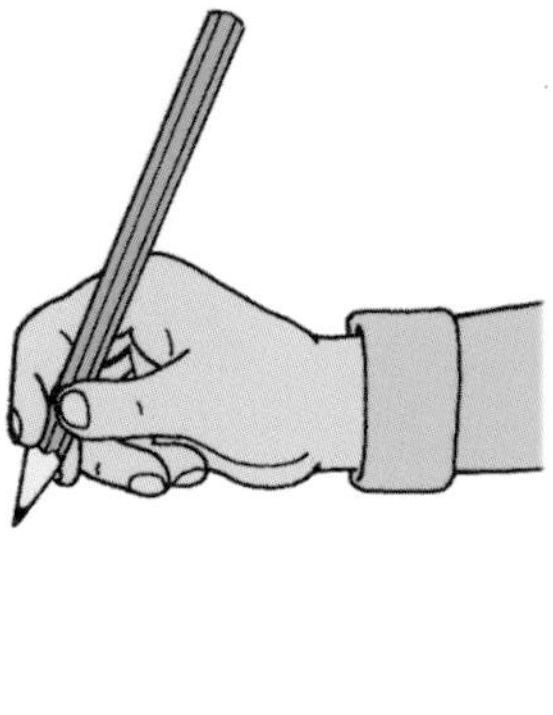

● ただしい しせいと もちかたで、2、3ぺえじの せんを なぞりましょう。

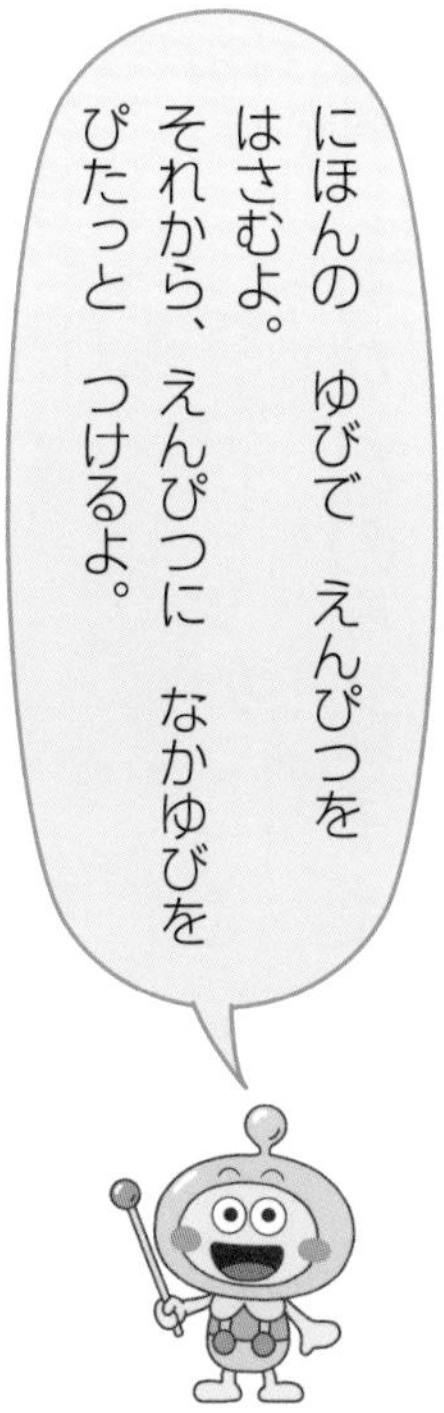
にほんの ゆびで えんぴつを はさむよ。
それから、えんぴつに なかゆびを ぴたっと つけるよ。

3 つぎの　とき、どんな　ことばを　いいますか。おおきな　こえで　いいましょう。

① あさ、　ともだちに　あいました。

いえたら　いろを　ぬりましょう。

② あさ、がっこうで、　せんせいに　あいました。

いえたら　いろを　ぬりましょう。

③ ともだちに　ほんを　かりました。

いえたら　いろを　ぬりましょう。

4 こえの　おおきさに　ちゅういしましょう。

① しずかに　はなしを　きくのは、　どちらですか。ただしい　ほうに　○を　つけましょう。

② おおきな　こえで　いうのは、　どちらですか。ただしい　ほうに　○を　つけましょう。

ものしりメモ

ばめんに　あわせた　あいさつの　ことばが　あるね。しょくじの　まえには「いただきます。」　しょくじの　あとには　「ごちそうさまでした。」と　いうよ。

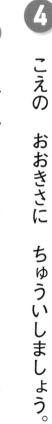

きほんのワーク

もじを　かこう

きょうかしょ　㊤16～17ページ

こたえ　2ページ

べんきょうした日　月　日

もくひょう
●ひらがなを　かいて　みよう。
●かきはじめと　かきおわりに　きを　つけよう。

おわったら　シールを　はろう

かん字《じ》れんしゅうノート3ページ

1 ひらがな　かいて　おぼえましょう。

かきじゅん　1　2　3　4

つ（はらう）　く（とめる）　し（はらう）　こ

つくし　つき

くつ　くり

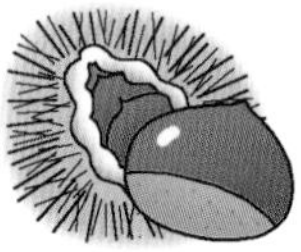

しか　しまうま

こい　こま

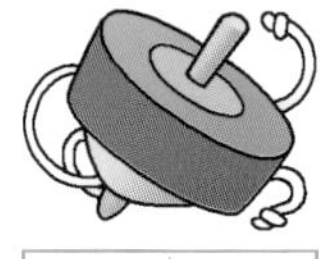

い（はねる）　へ　と（とめる）　り（はねる・はらう）

いか　いす

へい　へちま

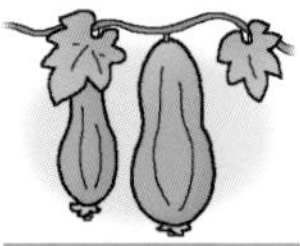

とんぼ　とけい

りんご　りす

「い」と「り」の　ちがいに　ちゅういしよう。

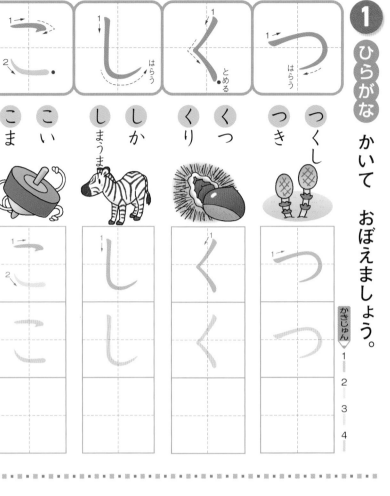

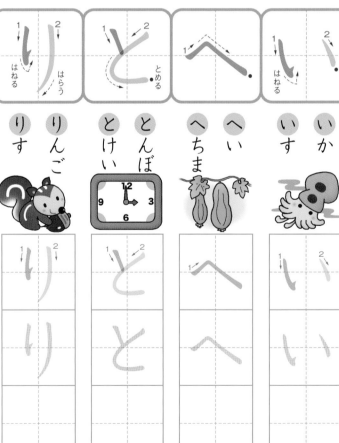

2 えを　みて、なまえを　かきましょう。

1

◀なぞりましょう。　◀れんしゅうしましょう。

つくし

2

こい

3

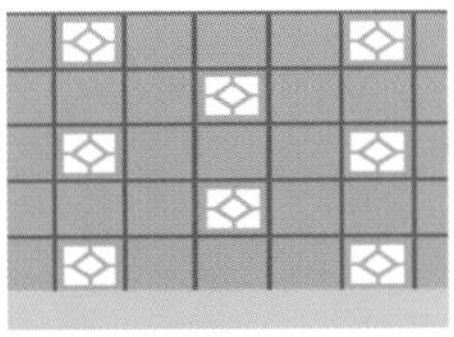

へい

4

とり

3 えに　あう　なまえを　かきましょう。

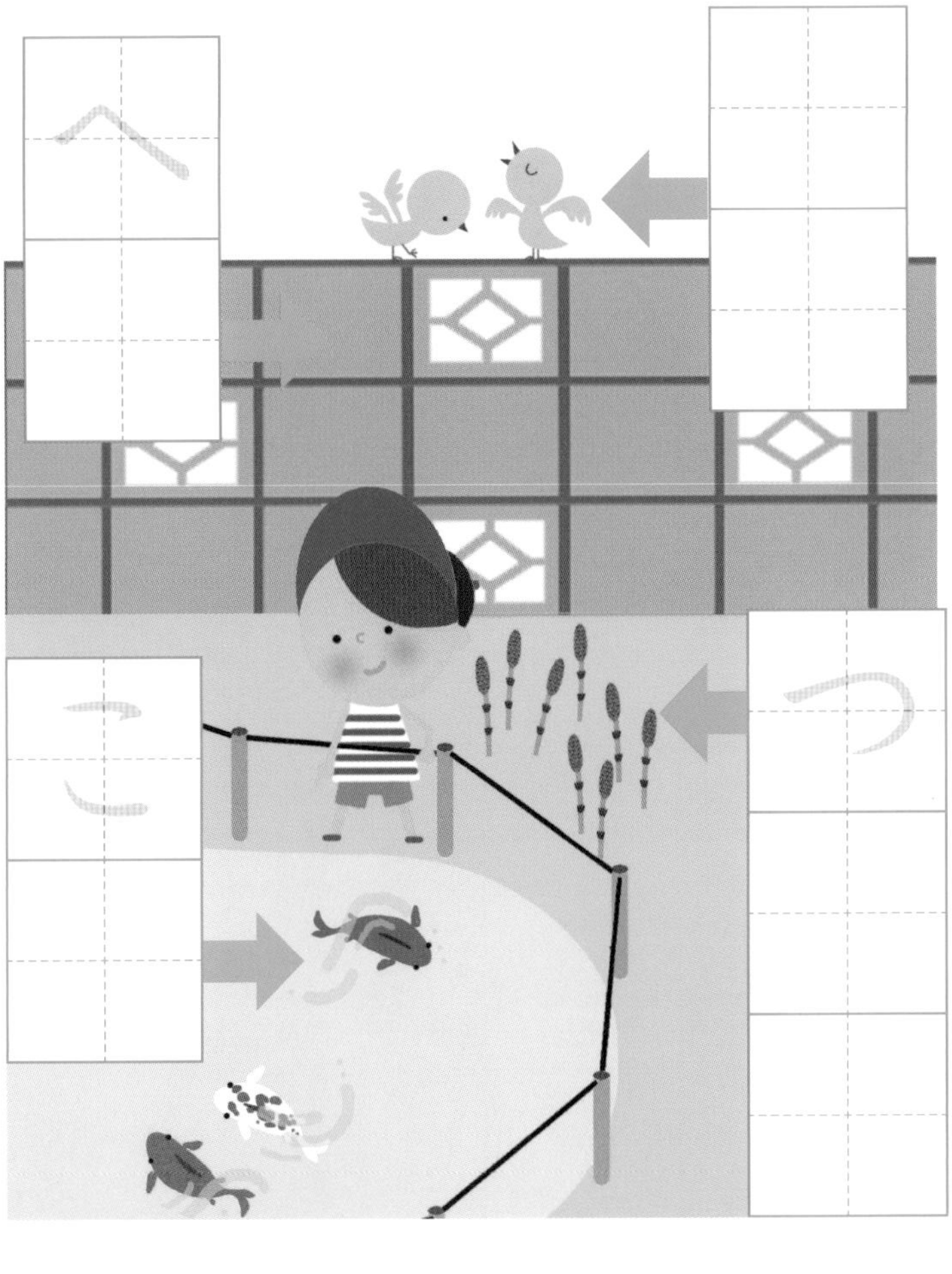

ものしりメモ

つくしは、はるの　くさ。りょうりを　して　たべる　ことも　できるんだ。おゆで　ゆでて、おしょうゆなどを　かけて　たべるよ。すこし　にがい　あじが　するんだ。

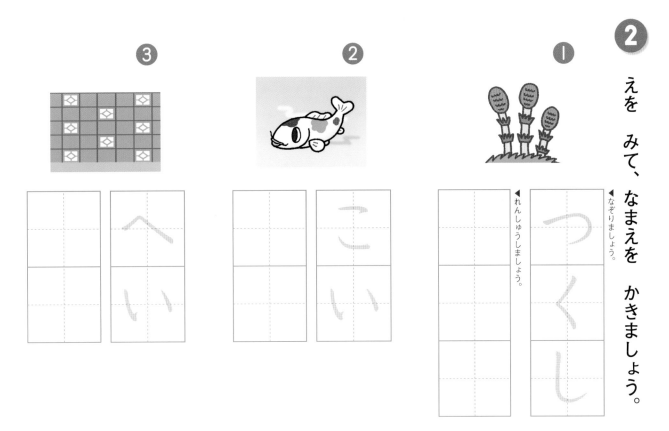

きほんのワーク

あいうえおの うた
あいうえおの ことばを あつめよう ほか

きょうかしょ　上18～23ページ

こたえ　2ページ

べんきょうした日　月　日

もくひょう

●くちの かたちに きを つけて、「あいうえお」を いおう。
●ひらがなを よんだり かいたり しよう。

おわったら シールを はろう

かん字《じ》れんしゅうノート3ページ

1 ひらがな　かいて　おぼえましょう。

あ（とめる・はらう）　う（はらう）　え　お（むすぶ・はらう）

あり　あひる

うま　うさぎ

えき　えほん

おに　おばけ

かきじゅん　1　2　3　4

あ　あ
う　う
え　え
お　お

「あ」と　「お」は、かたちが　にて　いるね。

2 えを　みて、なまえを　かきましょう。

◀なぞりましょう。
◀れんしゅうしましょう。

1
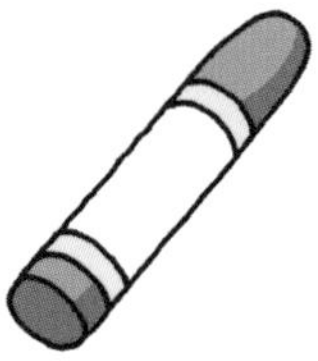
あお

2

い

3

え

4

う

3 つぎの しを よんで、もんだいに こたえましょう。

あいうえおの うた

ありのこ あちこち
あいうえお
いしころ いろいろ
あいうえお
うしさん うとうと
あいうえお
えんそく えいえい
あいうえお
おひさま おてんき
あいうえお

1 「あいうえおの うた」を はっきりと した こえで よみましょう。

よめたら いろを ぬりましょう。

2 つぎの なかから あ を みつけて、○で かこみましょう。

ありのこ あちこち
あいうえお

3 かたちと じゅんばんに きを つけて、あ い う え お の じを かきましょう。

あ
い
う
え
お

ものしりメモ し は、おおきく はっきりと した こえで よもう。はずむように よむと きもちが よいね。

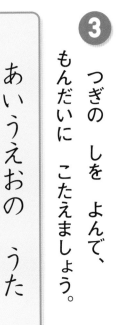

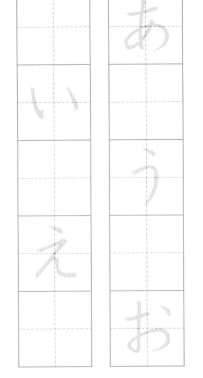

きほんのワーク

あめですよ

きょうかしょ ㊤24～29ページ

こたえ 2ページ

べんきょうした日 月 日

もくひょう
●ひらがなを よんだり かいたり しよう。
●しを よんで、ようすを おもいうかべよう。

おわったら シールを はろう

1 ひらがな かいて おぼえましょう。

め（はらう）　か（とめる・はねる）　さ（はねる）

あめ　めがね

かさ　かめ

さる　さかな

かきじゅん 1 2 3 4

め め　か か　さ さ

ひらがなを かく ときは、まげる ところや はねる ところも ていねいに かこう。

2 えを みて、なまえを かきましょう。

◀れんしゅうしましょう。

1

め

2

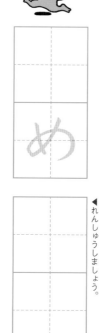

かさ

3

さ

4

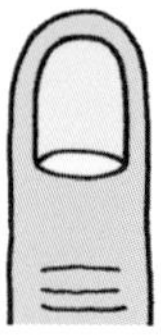

め

かん字《じ》れんしゅうノート3ページ

3 つぎの しを よんで、もんだいに こたえましょう。

あめですよ

とよた かずひこ

あめ あめ だいすき
とん とん とん
あめ あめ きらい
ふう ふう ふう
あめ あめ だいすき
どん どん どん
あめ あめ きらい
ぶう ぶう ぶう
あめ あめ だいすき
らん らん らん
あかい かさ
あかい ながぐつ
らん らん らん

1 うえの しを、こえに だして よみましょう。

よめたら いろを ぬりましょう。

2 どんな てんきですか。

▶なぞりましょう。 あ め

▶れんしゅうしましょう。

3 「あかい かさ」の こは、あめを どう おもって いますか。

（ひとつに ○を つけましょう。）

あ（　）だいすき

い（　）きらい

4 おんなのこは、どんな かっこうで あめの なかを あるいて いますか。

あ か □ □ さ と □ □ い ながぐつ。

ものしりメモ 「あか」は いろの なまえだね。ほかにも いろの なまえを いえるかな？ しろ、くろ、きいろ、ちゃいろ、みどり……いろいろな なまえの いろが あるね。

きほんのワーク

ふたと　ぶた

きょうかしょ　㊤30～31ページ

こたえ　2ページ

べんきょうした日　月　日

もくひょう
●゛や　゜の　つく　じを　ただしく　かこう。

おわったら　シールを　はろう

かん字《じ》れんしゅうノート4ページ

1 ひらがな　かいて　おぼえましょう。

かきじゅん 1 2 3 4

ふ　た　は　ね　な

ふた　ふね

たこ　たけのこ

はね　はさみ

ねこ　ねずみ

つなひき　なまず

ひ　き　ゆ　わ　ん

ひも　ひまわり

きつね　きりん

ゆき　ゆびわ

わに　わたあめ

えんぴつ　しんぶん

1 ②

□゛や □゜の つく じを かきましょう。
かいて おぼえましょう。

▶なぞりましょう。

ひ
び
ぴ

▶れんしゅうしましょう。

これは まちがい。

ひ゛ ×
゜ひ ×

□゛や □゜が つくと、よみかたも かわるよ。

2

えを みて、なまえを かきましょう。

① 

つ□ひ□

② 

□びわ

③ 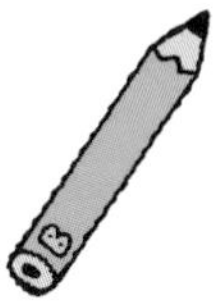

□んぴ□

3

□で かこんだ じに □゛が つくと、どんな ことばに なりますか。

▶なぞりましょう。

① ふた → □□

② さる → □る

③ はね → □□

④ こま → □ま

⑤ たい → □い

ものしりメモ
□゛が つくと ちがう ことばに なる ものには、ほかに「かき→かぎ」、「まと→まど」、「てんき→でんき」なども あるよ。

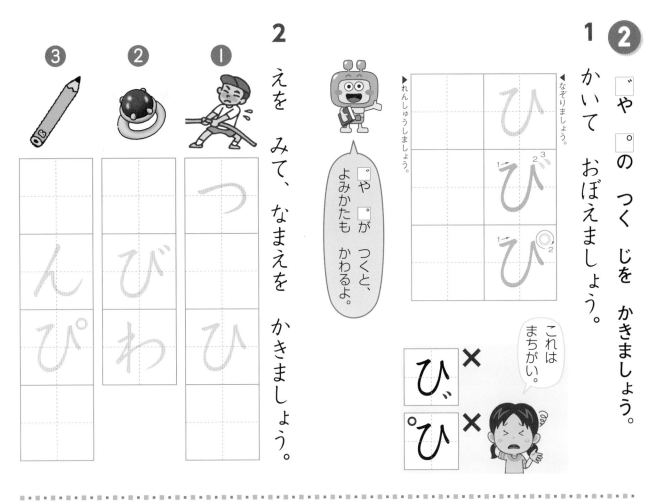

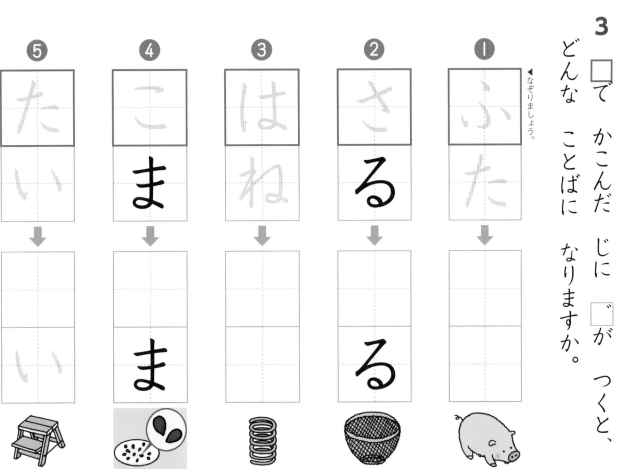

きほんのワーク

みんなに　はなそう

きょうかしょ　㊤32～35ページ

こたえ　2ページ

もくひょう

●みつけた　ものを「わたし（ぼく）は、～で……を　みつけました。」と　いう　いいかたで　いえるように　なろう。

べんきょうした日　月　日

おわったら　シールを　はろう

かん字《じ》れんしゅうノート5ページ

1 ひらがな　かいて　おぼえましょう。

て　（とめる）

む　（はらう・むすぶ）

きって　てぶくろ

けむし　むぎちゃ

かきじゅん　1　2　3　4

て　て

む　む

2 えを　みて　なまえを　かきましょう。

◀なぞりましょう。

て

む

3 みんなの　まえで　はなす　ときの　いいかたを　おぼえましょう。

1 みんなの　まえで　なんと　いって　いますか。こえに　だして　いいましょう。

いえたら　いろを　ぬりましょう。

2

みつけた　ものを　みんなに
はなして　います。
えに　あう　ことばを　かきましょう。

ぼくは、こうえんで
つば□を
みつけました。

わたしは、かわで
さ□□を
みつけました。

3

あめんぼを　みつけた　ことを
みんなに　はなして　います。
しつもんに　こたえましょう。

どこで　みつけましたか。

ぼくは、
□□けで
あめんぼを
みつけました。

「どこで」は、ばしょを
きく　ときに　いうよ。

ものしりメモ
じゅぎょうちゅうなど、たくさんの　ひとの　まえで　はなす　ときは、「……です。」「……ます。」のように、ていねいな　いいかたで　はなそう。

きほんのワーク

ぶんを　つくろう

きょうかしょ　上 36～37ページ

こたえ　3ページ

べんきょうした日　月　日

もくひょう
「なにが どう する。」の　かたちの　ぶんを　つくろう。

おわったら　シールを　はろう

かん字《じ》れんしゅうノート5ページ

1 ひらがな　かいて　おぼえましょう。

よ　むすぶ

ひよこ
よる

かきじゅん　1　2　3　4

「よ」は　むすぶ　ところを　しっかり　かこう。

2 □に　「が」を　かきましょう。かいたら、こえに　だして　よみましょう。

とり が　なく。

よめたら　いろを　ぬりましょう。

3 ぶんを　つくりましょう。
うえと　したを　・――・で　むすんで、えに　あう　ぶんを　つくりましょう。

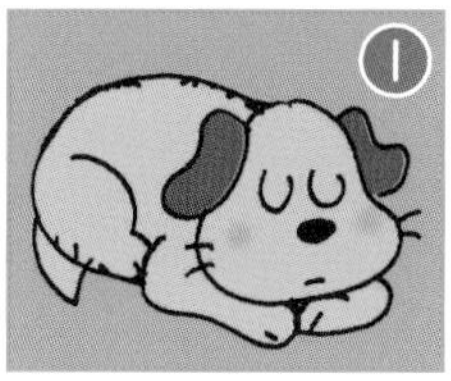

いぬが　・

いぬが　・

いぬが　・

・　あつまる。

・　ねる。

・　はしる。

いぬが　どう　するのかな。

4 えを　みて、もんだいに　こたえましょう。

1 ぶんを　かいて、よみましょう。

▲なぞりましょう。

うまがはしる

▲れんしゅうしましょう。

ま

る

よめたら　いろを　ぬりましょう。

ぶんの　おわりの　◻°は、
◻の　みぎうえに
ちいさく　かくよ。

2 うえの　えを　みて、ぶんを　つくりましょう。

ぶんの　おわりの　◻°も　わすれずに　かこう。

きつねが　ころぶ。

うさぎが　る

るが　わらう

ものしりメモ

「なにが　どう　する。」と　いう　かたちは、ぶんの　きほんだよ。これに　いろいろな　ことばを　つけくわえて、ながい　ぶんを　つくるんだ。

きほんのワーク

とん こと とん
㊩を つかおう

きょうかしょ ㊤38～45ページ
こたえ 3ページ

べんきょうした日 月 日

もくひょう
●えを みながら、ものがたりを ただしく よもう。
●「は」の よみかたと つかいかたを しろう。

かん字《じ》れんしゅうノート6ページ

おわったら シールを はろう

1 ひらがな かいて おぼえましょう。

に（はねる）

に わとり

に じ

かきじゅん 1 2 3 4

2 □に 「は、」を かきましょう。 かいたら、こえに だして よみましょう。

1 いちご□あまい。

2 うみ□ひろい。

よめたら いろを ぬりましょう。 1 2

3 「は」と 「わ」に きを つけて、かきかたの ただしい ほうに、○を つけましょう。

1 そら ㋐（ ）は、 ㋑（ ）わ、 あおい。

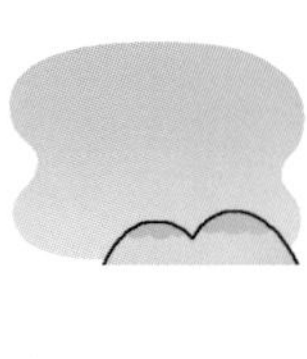

2 ひ ㋐（ ）は、 ㋑（ ）わ、 あつい。

3 い ㋐（ ）は ㋑（ ）わ は、かたい。

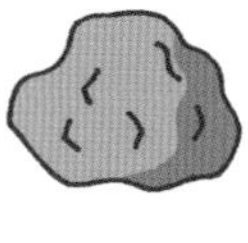

ことばの あとに つく 「は」は、こえに だして よむ ときは 「わ」と よむよ。

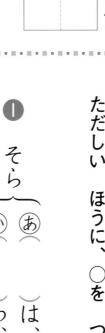

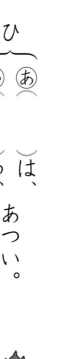

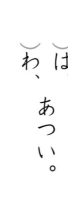

4 ぶんしょうを　よんで、こたえましょう。

「おかしいな。
なんだろう。」
また、おとが　きこえます。
ねずみは、ゆかを　たたきました。
とん　こと　とん。
へんじが　ありません。
だれかが、とびらを　たたきました。
「きみの　いえの
したに、
ひっこして　きた
もぐらです。
よろしくね。」
ふたりは、なかよしに　なりました。

〈ぶしか　えつこ「とん　こと　とん」による〉

---

1 ねずみは、なにを「おかしいな。なんだろう。」と　おもったのですか。

おと［　］きこえた　こと。

2 ゆかを　たたくと、どんな　おとが　しましたか。きこえた　おとに　——を　ひきましょう。

3 とびらを　たたいたのは、だれでしたか。
（ひとつに　○を　つけましょう。）

あ（　）ねずみ
い（　）もぐら

4 ねずみと　もぐらは、どう　なりましたか。

な［　］よ［　］に　なった。

ものしりメモ　もぐらは、つちの　なかに　あなを　ほって、くらして　いるよ。あなを　ほる　ために、ながく　とがった　つめを　もって　いるんだ。

きほんのワーク

さとうと しお／をへを つかおう
きいて つたえよう

きょうかしょ 上46～57ページ

こたえ 4ページ

べんきょうした日 月 日

もくひょう
- 「を」「へ」の よみかたと つかいかたを しろう。
- はなしを きいて、ただしく つたえよう。

おわったら シールを はろう

かん字《じ》れんしゅうノート7ページ

1 ひらがな かいて おぼえましょう。

かきじゅん 1 2 3 4

ほ（はねる・むすぶ）　を（とめる）　み（はらう・むすぶ）

ほたる
ほしぞら

じをかく。
ほんをよむ。

すみれ
みかん

「ほ」と かたちの にた じに、「は」が あるね。

る　や（はらう・とめる）　ま（むすぶ）

いるか
かえる

やま
やかん

まめ
まぐろ

「や」の かたちと かきじゅんに きを つけよう。

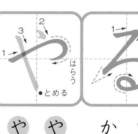

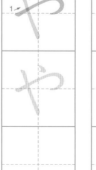

2 ㋾㋬を ただしく つかいましょう。

かきかたの ただしい ほうに、◯を つけましょう。

1
㋐（　）かおお あらう。
㋑（　）かおを あらう。

2
㋐（　）えきへ いく。
㋑（　）えきえ いく。

3
㋐（　）へやへ もどる。
㋑（　）へやえ もどる。

4
㋐（　）えほんお よむ。
㋑（　）えほんを よむ。

ことばの あとに つく ときは ㋾㋬を つかうんだね。

3 ともだちの はなしを きいて、みんなに つたえます。

かが つく ことばを みつけました。かえると かにと かめです。

あおいさん

あおいさんの はなしを ただしく つたえて いる ほうに、◯を つけましょう。

㋐ □

あおいさんが みつけた ことばを つたえます。ふたつ あります。

㋑ □

あおいさんが みつけた ことばを つたえます。みっつ あります。

ものしりメモ

ことばの あとに つく 「へ」は、「がっこうへ」、「おんがくしつへ」のように ばしょを あらわす ことばに つく ことが おおいよ。

まとめのテスト

さとうと しお
ⓞⓗを つかおう

きょうかしょ ㊤46～57ページ

こたえ 4ページ

べんきょうした日 月 日

じかん 20 ぷん

とくてん /100てん

おわったら シールを はろう

1 ぶんしょうを よんで、こたえましょう。

どんな あじが するでしょう。
さとうは、あまい あじが します。
しおは、しおからい あじが します。
なにから できるのでしょう。
さとうは、はたけの しょくぶつから できます。
しおは、うみの みずから できます。
どちらも たべものを おいしく します。

〈「さとうと しお」に よる〉

1 よくでる さとうと しおは、どんな あじですか。・――・で むすびましょう。 ひとつ10〔20てん〕

さとう・ ・しおからい

しお・ ・あまい

2 さとうは、なにから できますか。〔20てん〕
（ひとつに ○を つけましょう。）

あ（ ）はたけの しょくぶつ。

い（ ）うみの みず。

3 よくでる どちらも たべものを どう しますか。〔20てん〕

たべものを お＿＿＿＿ する。

2 □に あう ただしい じを えらんで かきましょう。

ひとつ5〔20てん〕

① ほん□（お・を）よむ。

② もり□（え・へ）いく。

③ □（え・へ）のぐ□（お・を）だす。

ことばの あとに つくか、
ことばの いちぶなのか、
よく かんがえよう。

3 これまでに ならった かきかたの おさらいを しましょう。

ぼくは、①こうえんえ いって、はなの ②えお かいた。

──①・②の ことばを、ただしく かきなおしましょう。

ひとつ10〔20てん〕

①

②

ものしりメモ さとうは、「さとうきび」や 「さとうだいこん」と いう あまい しょくぶつから つくられて いるよ。

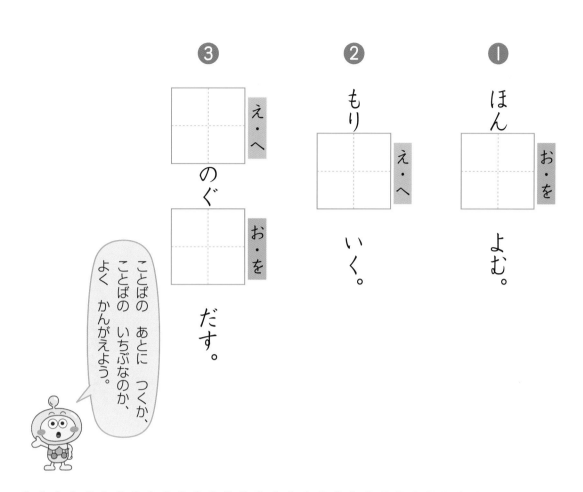

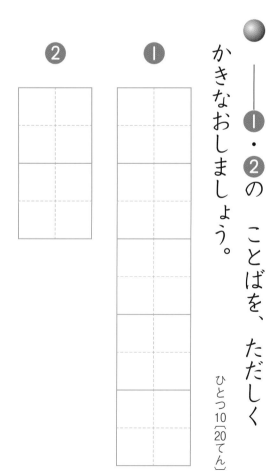

きほんのワーク

ねこと ねっこ ことばあそび

きょうかしょ ㊤58〜61ページ

こたえ 4ページ

べんきょうした 日 月 日

もくひょう
- ●「っ」に きを つけて かこう。
- ●ことばあそびを しながら、いろいろな ことばを かこう。

かん字れんしゅうノート8ページ

おわったら シールを はろう

1 ひらがな かいて おぼえましょう。

かきじゅん 1 2 3 4

せ（はねる・とめる）　け（はねる・はらう）　ろ（はらう）　そ（とめる）

せっけん　せみ

けいと　けむり
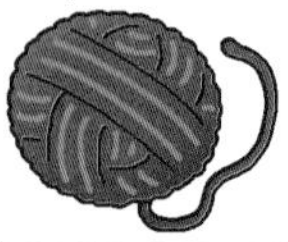

まっしろ　ろうそく

そら　そらまめ
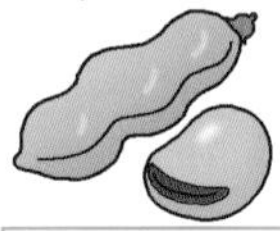

せ　せ　け　け　ろ　ろ　そ　そ

「ろ」は、「る」と かたちが にて いるね。

も（はらう）　の（はらう）　す（むすぶ・はらう）　れ（はらう）

きもの　もち
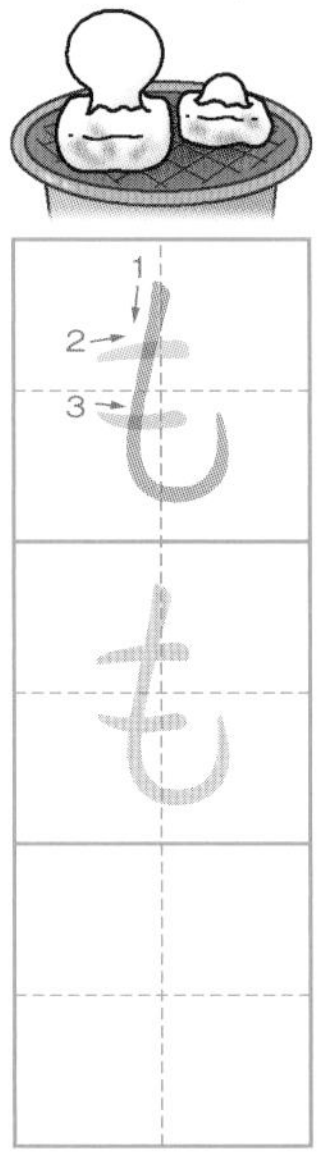

のり　のこぎり

すず　すいか

れんこん　れいぞうこ

も　も　の　の　す　す　れ　れ

「す」は、むすぶ ところを しっかり かこう。

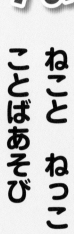

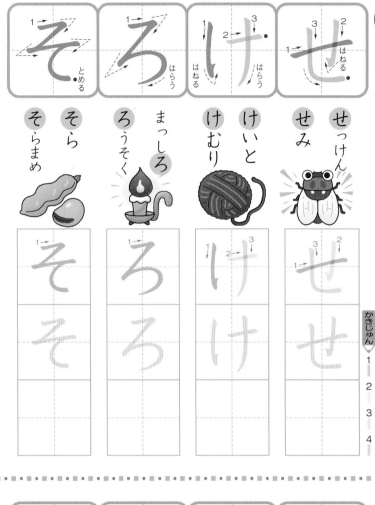

② つ と っ に きを つけて、よんだり かいたり しましょう。

1 えと ことばを ・―・で むすびましょう。

① 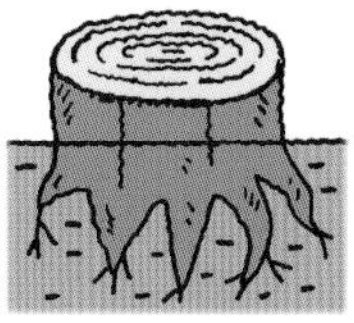

② 

◀なぞりましょう。

ねこ

ねっこ

つが はいって ちがう ことばに なったね。

2 えを みて、なまえを かきましょう。

① 

□□て□

② 

せ□□□

③ えを みて、しりとりを しましょう。

① 

□もの

② 

□こぎ□

③ 

□□

④ 

□み□

⑤ 

□ん□□

「ん」が ついた ところで おしまい。

ものしりメモ

「ねこ」→「ねっこ」のように、ちいさい 「っ」を いれると、ちがう ことばに なるのは おもしろいね。ほかに、「まくら」→「まっくら」も そうだね。

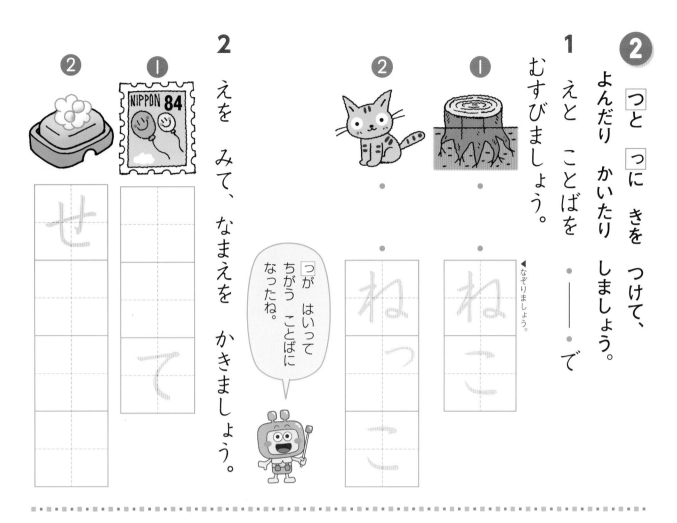

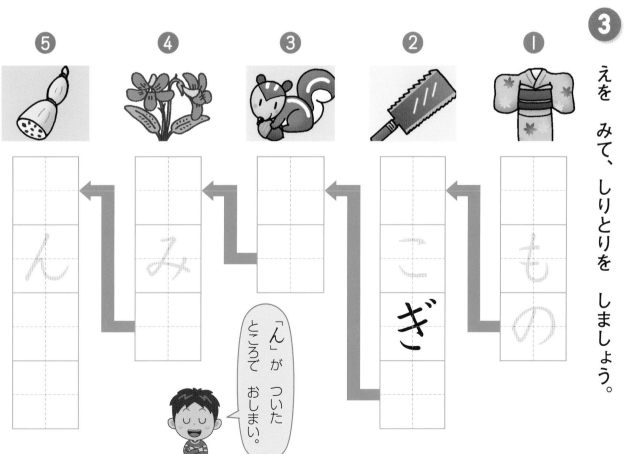

きほんのワーク

あひるの あくび

きょうかしょ 上62〜65ページ

こたえ 4ページ

べんきょうした日 月 日

もくひょう
- ことばの りずむを たのしみながら しを よもう。
- いろいろな ひらがなを しろう。

おわったら シールを はろう

1 ひらがな かいて おぼえましょう。

ぬ（とめる・むすぶ） ち（はらう） ら（はらう）

たぬき ぬりえ

はち ちず

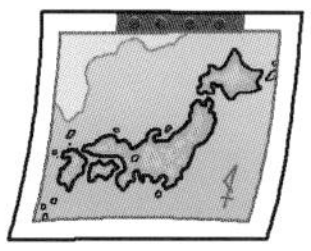

らっぱ ぶらんこ

かきじゅん 1 2 3 4

ぬ ぬ　ち ち　ら ら

かたちに きを つけて ていねいに かこう。

2 えを みて、なまえを かきましょう。

かん字《じ》れんしゅうノート9ページ

①

ち

②

ら

③

ぬ

③の「ぬ」は「め」と かたちが にて いるね。

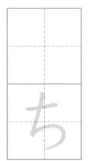

3 つぎの　しを　よんで、もんだいに　こたえましょう。

あひるの　あくび

まき　さちお

あひるの　あくびは　あいうえお
かえるが　かけっこ　かきくけこ
さるくん　さかだち　さしすせそ
たぬきが　たこあげ　たちつてと
なまずが　なかよく　なにぬねの
はちさん　はらっぱ　はひふへほ
まりちゃん　まりつき　まみむめも
やぎさん　やまみち　やいゆえよ
らくだで　らくらく　らりるれろ
わにさん　わなげだ　わいうえを　ん

1 くちの　かたちに　きを　つけて、おおきな　こえで　よみましょう。

よめたら　いろを　ぬりましょう。

2 さるくんは、なにを　して　いますか。

［　　　　］を　して　いる。

3 なまずは、どのように　およいで　いますか。

［　　　　］およいで　いる。

4 やぎさんは、どこを　あるいて　いますか。

［　　　　］を　あるいて　いる。

ものしりメモ

「たこあげ」は、おしょうがつに　する　ことが　おおい　あそびだね。おしょうがつには、ほかに、はねつきや　かるたなどを　して　あそぶよ。

れんしゅうのワーク
あひるの あくび

きょうかしょ　上62〜65ページ

こたえ　5ページ

わかるナビ
- ひらがなの ひょうを おぼえよう。
- ひらがなを ぜんぶ よんだり かいたり できるように なろう。

べんきょうした日　月　日

おわったら シールを はろう

1 ひらがなの ひょうを おぼえましょう。

ひょうに ひらがなを かきましょう。

◀なぞりましょう。 ◀かきましょう。

あ	か	さ	た	な
	き		ち	に
う		す	つ	ぬ
	け			
		そ		の

2 ひょうを たてに よみましょう。

「あ」から「ん」まで みないで いえるように なったら、ごうかくです。

いえたら いろを ぬりましょう。

3 ひょうの いちばん うえの だんの じを、みぎから じゅんに かきましょう。

あ → か → ○ → ○ → ○ → は → ○ → ○ → ○ → ○ → ん

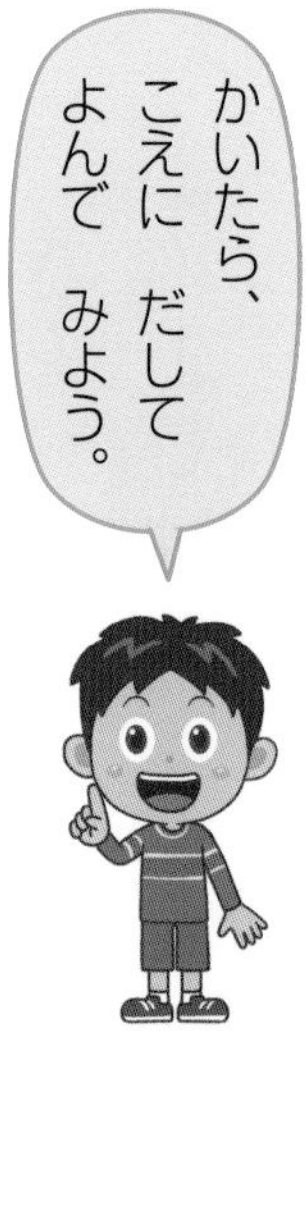

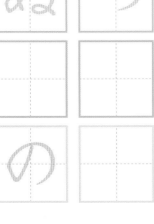

ん	わ	ら	や	ま	は
	(い)		(い)	み	
	(う)		ゆ	む	
	(え)		(え)		へ
		ろ	よ		ほ

ひらがなを　ぜんぶ　おぼえられたかな？

4 ゛と ゜の つく じも おぼえましょう。

ぱ	ば	だ	ざ	が
		ぢ	じ	
ぷ		づ		
	べ		ぜ	げ
ぽ			ぞ	

できたら　いろを　ぬりましょう。

ものしりメモ　゜の　つく　ひらがなは、「は・ひ・ふ・へ・ほ」だけだよ。「あいうえお」「なにぬねの」「まみむめも」などには、゛も　゜も　つかないんだ。

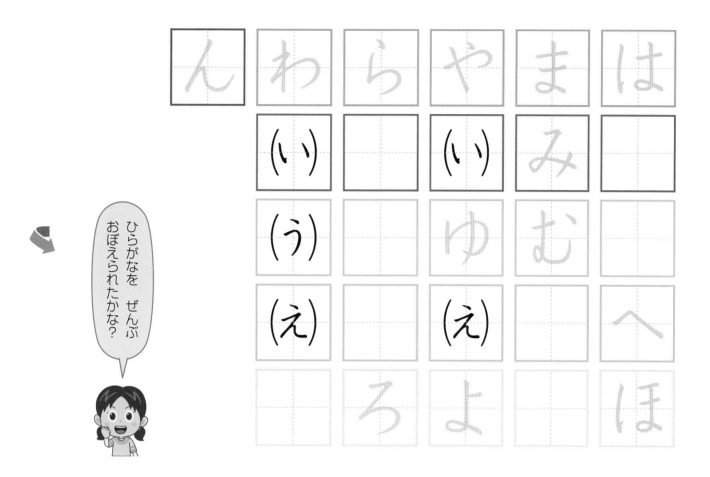

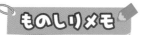

きほんのワーク

のばす おん

きょうかしょ ㊤66～67ページ

こたえ 5ページ

もくひょう
のばして いう ことばを ただしく かこう。

べんきょうした 日 月 日

おわったら シールを はろう

かん字れんしゅうノート10ページ

1 ① のばして いう ことばを かきましょう。ちがいに きを つけて、ただしく かきましょう。

①  おばさん

②  おば

③  おじさん

④  おじ

かいたら、こえに だして よんで みよう。「ばあ」や「じい」の よみかたに きを つけよう。

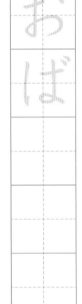

2 えを みて、なまえを かきましょう。

①  ゆ　け

②  ほ

③  と

④  こ

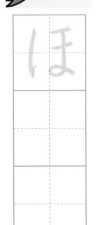

3 いえの ひとの よびかたを、ただしく かきましょう。

① おと
② おか
③ おに
④ おね
⑤ おと
⑥ いも

2 かきかたの ただしい ほうに、○を つけましょう。

① あ（　）せんせい　い（　）せんせえ
② あ（　）おうかみ　い（　）おおかみ
③ あ（　）とうふ　い（　）とおふ
④ あ（　）きれいな みず。　い（　）きれえな みず。
⑤ あ（　）ほのう　い（　）ほのお

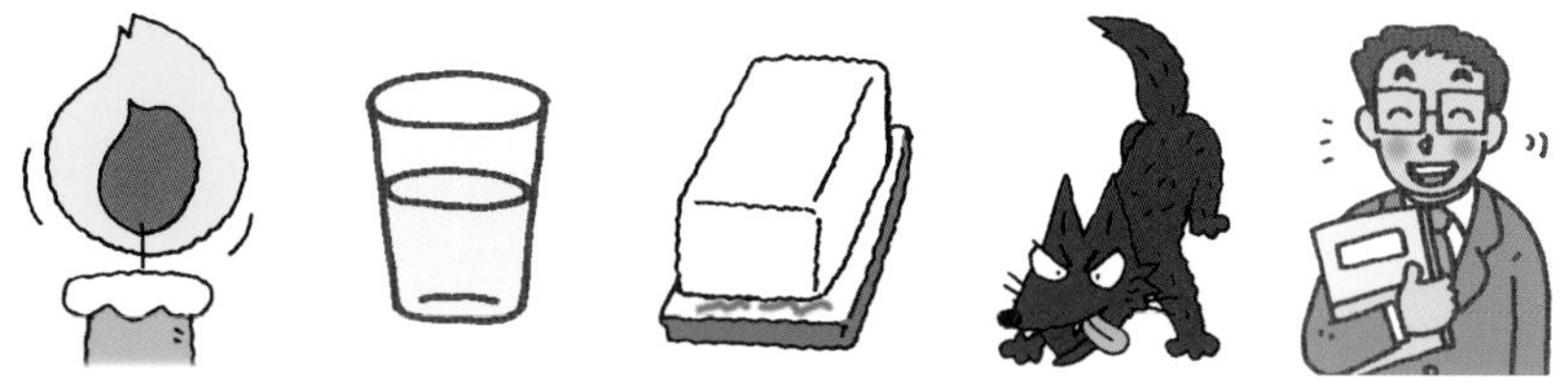

ものしりメモ

「おうさま」「おうえん」では、のばす おんは 「う」と かくけれど、「おおきい」「とおる」「おおい」では、のばす おんは 「お」と かくよ。

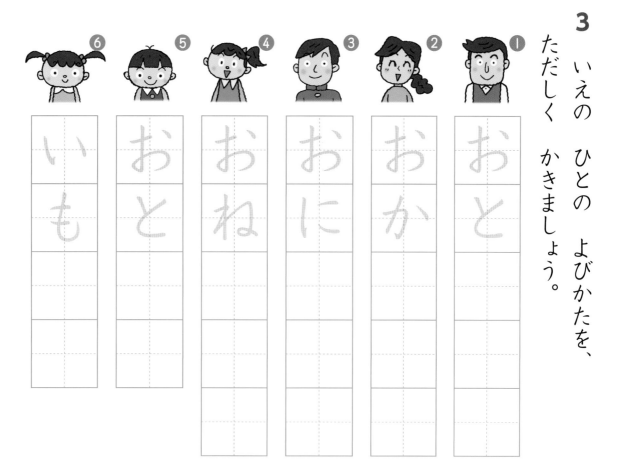

どう やって みを まもるのかな

きょうかしょ ㊤68〜75ページ
こたえ 5ページ

もくひょう
●どんな ことが かいて あるかを、ただしく よみとろう。

べんきょうした日 月 日

おわったら シールを はろう

かん字れんしゅうノート10ページ

1 ぶんしょうを よんで、こたえましょう。

これは、やまあらしです。

やまあらしの せなかには、ながくて かたい とげが あります。

どのように して みを まもるのでしょう。

やまあらしは、とげを たてて、みを まもります。

てきが きたら、

2 やまあらしの せなかには、なにが ありますか。（ひとつに ○を つけましょう。）

あ（　）ながくて かたい こうら。
い（　）みじかくて かたい とげ。
う（　）ながくて かたい とげ。

3 ぶんしょうの なかから、しつもんして いる ぶんを ひとつ さがして、——を ひきましょう。

「どのように……でしょう。」と いう ぶんを さがそう。

4 よくでる● やまあらしは、どのように して みを まもるのですか。

ことばの いみ プラス
4ぎょう とげ…はりのように ほそく とがった もの。
7ぎょう み…からだ。

うしろむきに　なって、
とげを　たてます。

〈「どう　やって　みを　まもるのかな」に　よる〉

1　なんと　いう　どうぶつに　ついて
かいて　ありますか。

さいしょの　ぶんに　ちゅうもくしよう。

[　　　]

とげを [　　　]、
みを　まもる。

5　てきが　きたら、やまあらしは
からだの　むきを　どのように　して、
とげを　たてますか。

[　　　] むき

てきを　おどかすように
するのだね。

6　なにに　ついて　かいて　ありますか。

ぶんしょうの　だいめいと　あわせて　かんがえよう。

あ（　）やまあらしの　みの　まもりかた。
い（　）やまあらしの　くらしかた。
う（　）やまあらしの　からだの　しくみ。

ものしりメモ　やまあらしの　ほかに、はりねずみも　とげを　たてて　てきから　みを　まもって　いるよ。

きょうかしょ 上68〜75ページ
こたえ 6ページ

まとめのテスト

どう やって みを まもるのかな

じかん20ぷん

とくてん /100てん

おわったら シールを はろう

1 ぶんしょうを よんで、こたえましょう。

これは、すかんくです。
すかんくの
おしりからは、
くさい しるが でます。
どのように して
みを まもるのでしょう。

すかんくは、
しるを とばして、
みを まもります。
てきが きたら、
さかだちを して、

1 なにに ついて かいて ありますか。 ひとつ10〔20てん〕

［　　　　］は、
どのように して みを ［　　　　］のかに ついて。

2 よくでる すかんくの おしりからは、なにが でますか。〔20てん〕

［　　　　］

3 すかんくは、てきが きたら、まず なにを しますか。〔20てん〕

［　　　　］

ことばのいみ プラス 12ぎょう おどかす…こわがらせる。

おどかします。
てきが　にげないと、
さかだちを　やめて、
くさい　しるを　とばします。

〈「どう　やって　みを　まもるのかな」に　よる〉

15

［　　　　］を　して、おどかす。

4 すかんくは、どんな　ときに　くさい
しるを　とばしますか。
（ひとつに　○を　つけましょう。）〔20てん〕

あ（　）てきが　きて、すかんくが
さかだちを　した　とき。

い（　）すかんくが　さかだちを　しても、
てきが　にげない　とき。

う（　）てきが　きて、すかんくが
さかだちを　する　まえ。

2 これまでに　ならった　かきかたの
おさらいを　しましょう。

①せんせえが、
「あそんだ　あとは、②せけんで
てを　あらいましょう。」
と　いいました。

● ——①・②の　ことばを、ただしく
かきなおしましょう。ひとつ10〔20てん〕

①

②

ものしりメモ
ちょうちょの　なかには、じぶんの　からだを　はっぱに　にせて、はっぱの　あいだに
かくれて、みを　まもって　いる　ものも　いるよ。

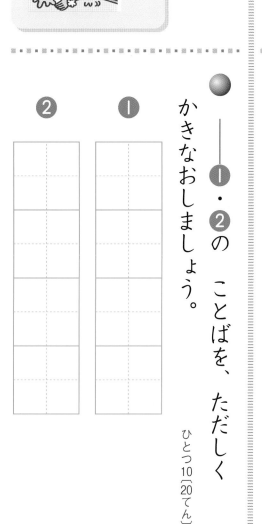

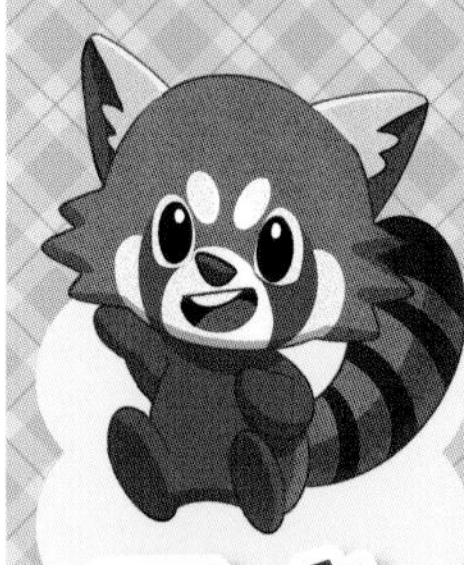

きほんのワーク

いしゃと いしゃ こんな こと したよ

きょうかしょ ㊤76～81ページ

こたえ 6ページ

もくひょう
●「や」・「ゆ」・「よ」の つく ことばを かこう。
●した ことを ぶんに かく かきかたを おぼえよう。

べんきょうした日 月 日

おわったら シールを はろう

かん字《じ》れんしゅうノート11ページ

1 **ちいさい 「や」・「ゆ」・「よ」の つく ことばを、ただしく よんだり かいたり しましょう。**

1 かきかたの ただしい ほうに、○を つけましょう。

あ（　）しやしん

い（　）しゃしん

2 ちがいに きを つけて、ただしく かきましょう。

びょういん

いん

ちいさい 「や」・「ゆ」・「よ」は、ますの みぎうえに かくよ。かいたら、こえに だして よんで みよう。

3 えに あう ことばを かきましょう。

①  おもちゃ

②  あくし

③  きんぎ

④  で

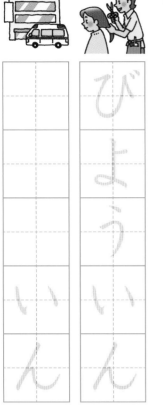

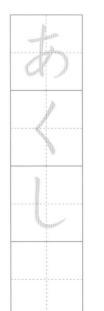

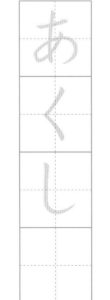

② さくぶんを　よんで、もんだいに　こたえましょう。

なまえ　かわの　めい

　きょう　あさがおに
みずやりを　しました　
つぼみを　ひとつ　みつけ
ました　さきが　みずい
ろでした　　はながさく
のがたのしみです　　

1 かわのさんは、さくぶんに　【、】と　【。】を　かくのを　わすれて　います。ただしい　ところに　かきいれましょう。

【、】は　ひとつ、【。】は　よっつ　あるよ。

【　】の　なかの　どこに　かくのか、おぼえて　いるかな。

2 いつの　ことを　かいて　いますか。

【　　　】の　こと。

3 なにを　した　ことを　かいて　いますか。

あさがおに　【　　　】を　した　こと。

4 どんな　つぼみを　みつけましたか。

さきが　【　　　】の　つぼみ。

かわのさんが　かんさつした　ものの　ようすを　よみとろう。

ものしりメモ
「いしや」の　「や」を　ちいさく　かくと、「いしゃ」に　なるね。「や」「ゆ」「よ」の　おおきさを　まちがえると、べつの　ことばに　なって　しまう　ばあいが　あるよ。

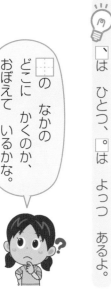

きほんの ワーク

おおきな かぶ

きょうかしょ ㊤82～93ページ

こたえ 6ページ

もくひょう
- だれが どう したのかに ちゅういして よもう。
- ようすを おもいうかべて よもう。

べんきょうした日 月 日

おわったら シールを はろう

ぶんしょうを よんで、こたえましょう。

おじいさんが、かぶの
たねを まきました。
「あまい あまい
かぶに なれ。
おおきな おおきな
かぶに なれ。」

あまい、げんきの よい、
とてつもなく おおきい
かぶが できました。

1 おじいさんは、なにを まきましたか。

2 おじいさんは、どんな きもちで たねを まきましたか。
ふたつに ○を つけましょう。

あ（　）かたい かぶに なって ほしい。
い（　）おおきな かぶに なって ほしい。
う（　）あまい かぶに なって ほしい。
え（　）きれいな かぶに なって ほしい。

3 おじいさんが かぶを ぬこうと すると、かぶは ぬけましたか。

かぶは

ことばの いみ プラス　8ぎょう　とてつもなく…ふつうでは　かんがえられないような。

おじいさんは、
かぶを　ぬこうと
しました。
「うんとこしょ、
どっこいしょ。」
ところが、かぶは
ぬけません。

おじいさんは、
おばあさんを
よんで　きました。
おばあさんが　おじいさんを
ひっぱって、
おじいさんが　かぶを
ひっぱって、
「うんとこしょ、どっこいしょ。」
それでも、かぶは　ぬけません。

〈うちだ りさこ　やく「おおきな　かぶ」（福音館書店刊）に　よる〉

4　おじいさんは、だれを　よんで　きましたか。

（　　　　　　　　）

5　よくでる●　ふたりは、なんと　いって、かぶを　ひっぱりましたか。

ちいさい　じに　ちゅういしよう！

「□□□□□、□□□□□。」

6　どんな　ふうに　かぶを　ひっぱりましたか。
（ひとつに　○を　つけましょう。）

あ

い

う

ものしりメモ　にほんで　いちばん　おおきな　「しょうごいんかぶ」は、メロンや　すいかと　おなじくらいの　おおきさだよ。「おおきな　かぶ」の　かぶと　くらべると　ちいさいね。

まとめのテスト

おおきな かぶ

きょうかしょ 上82〜93ページ

こたえ 7ページ

じかん 20ぷん

とくてん /100てん

おわったら シールを はろう

べんきょうした日 月 日

ぶんしょうを よんで、こたえましょう。

ねこは、ねずみを よんで きました。
ねずみが ねこを ひっぱって、
ねこが いぬを ひっぱって、
いぬが まごを ひっぱって、
まごが おばあさんを ひっぱって、
おばあさんが おじいさんを
ひっぱって、
おじいさんが かぶを ひっぱって、
「うんとこしょ、
どっこいしょ。」

1 みんなで なにを ぬこうと して いますか。〔10てん〕

2 どんな じゅんばんで かぶを ひっぱりましたか。□に あう ことばを かきましょう。ひとつ10〔20てん〕

かぶ → おじいさん → ❶（　　） → まご → いぬ → ❷（　　） → ねずみ

3 みんなは、なんと いって ひっぱりましたか。〔15てん〕

ことばのいみ プラス　4ぎょう まご…じぶんの こどもの こども。

□、かぶは　ぬけました。

〈うちだ　りさこ　やく「おおきな　かぶ」（福音館書店刊）に　よる〉

4　かぶを　ひっぱる　ときの　かけごえから、どんな　ようすが　わかりますか。
（ひとつに　○を　つけましょう。）（20てん）

あ（　）のんびりと　ひっぱる　ようす。
い（　）いやそうに　ひっぱる　ようす。
う（　）ちからいっぱい　ひっぱる　ようす。

5　よくでる●　□には、どんな　ことばが　はいりますか。（20てん）

あ（　）それでも
い（　）やっと
う（　）まだ　まだ

6　みんなで　ひっぱると、かぶは、どう　なりましたか。（15てん）

ものしりメモ　「うんとこしょ、どっこいしょ。」は、ちからを　こめて　なにかを　する　ときの　かけごえだよ。「うんとこどっこい。」などとも　いうよ。

きほんのワーク

としょかんは どんな ところ
ことばあそびうたを つくろう ほか

きょうかしょ ㊤94～105ページ

こたえ 7ページ

べんきょうした日　月　日

もくひょう
●がっこうの としょかんは どんな ところか しろう。
●かたかなで かく ことばを、おぼえよう。

おわったら シールを はろう

かん字《じ》れんしゅうノート11ページ

1 がっこうの としょかんは どんな ところですか。

(1) おもしろそうな ［　　　］が ある ところ。

たのしい えほんや、べんきょうの ほんなど、たくさんの ほんが あるね。

(2) ［　　　］の ほんを たいせつに よむ ところ。

2 いろいろな ものの おとや ようすに あう ものに ○を つけましょう。

(1) りんご
　あ（　）しゃきしゃき
　い（　）もこもこ

(2) うどん
　あ（　）ばりばり
　い（　）つるつる

(3) あひる
　あ（　）わんわん
　い（　）があがあ

りんごや うどんを たべる とき、どんな かんじが するかな？

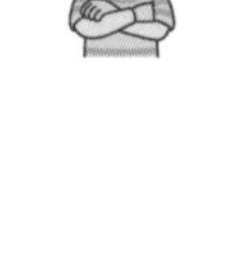

3

えを　みて、かたかなで　かきましょう。

◀なぞりましょう。

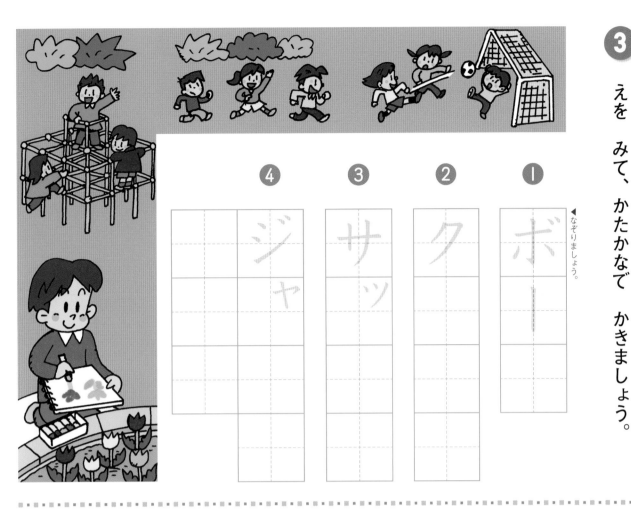

① ボー

② ク

③ サッ

④ ジャ

4

かわのさんは、きゅうりを　とった　ことを　えにっきに　かきました。

7がつ　13にち

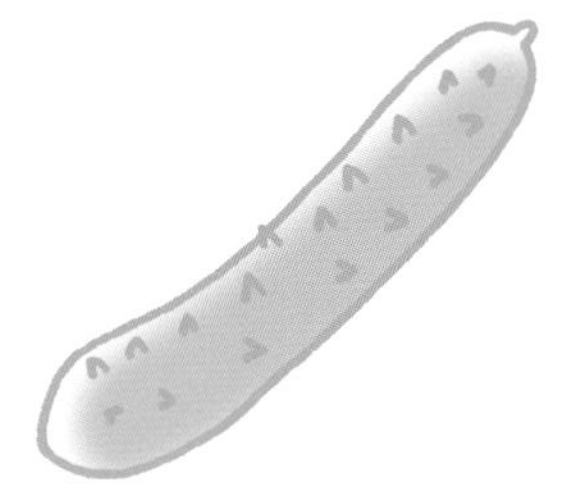

なまえ　かわの　ゆみ

わたしは、はたけで、きゅうりをとりました。さわると、とげがいたくて、びっくりしました。

● なにに　びっくりした　ことを　かいて　いますか。（ひとつに　○を　つけましょう。）

あ（　）きゅうりが　おおきかった　こと。

い（　）きゅうりの　とげが　いたかった　こと。

5

えを　みて、かたかなで　かきましょう。

◀なぞりましょう。

ゴー

ものしりメモ　えにっきは、その　ひの　できごとを、えと　みじかい　ぶんしょうで　かいた　ものだよ。

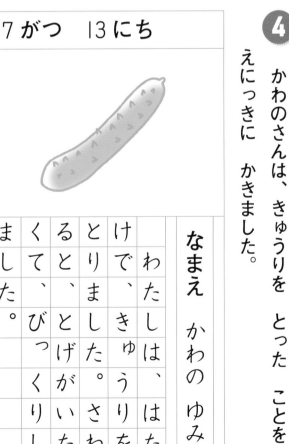

きほんのワーク

あるけ　あるけ／ききたいな　はなしたいな　ききたいな

きょうかしょ　上106～113ページ

こたえ　7ページ

べんきょうした日　月　日

もくひょう

●ようすや　きもちを　おもいうかべながら　しを　よもう。
●はなしかたや　ききかたを　しろう。

おわったら　シールを　はろう

1　しを　よんで、こたえましょう。

あるけ　あるけ

つるみ　まさお

どこどん　どこどん
あるけ　あるけ　あるけ
ちきゅうの　たいこ
みんなの　あしで
たたいて　あるけ
そら
どこどん　どこどん
あるけ

どこどん　どこどん
あるけ　あるけ
ちきゅうの　うらで
だれかの　あしも
たたいて　いるよ
ほら
どこどん　どこどん
あるけ

よめたら　いろを　ぬりましょう。

1　こえに　だして、しを　よみましょう。

2　「どこどん　どこどん」は　どんな　おとですか。

みんなの［　　］で　たたいて　あるく［　　　　］の　たいこを、おと。

3　よくでる　この　しは、どのように　よむと　よいですか。（ひとつに　○を　つけましょう。）

あ（　）ちからづよく、げんきに　よむ。
い（　）ちいさな　こえで、やさしく　よむ。
う（　）ゆっくりと、かなしそうに　よむ。

2 しを よんで、こたえましょう。

き

やまなか としこ

みどりに もえる とき
てを ひろげ
あしを ふんばり
みずを すいあげ
おひさまを たべて いる

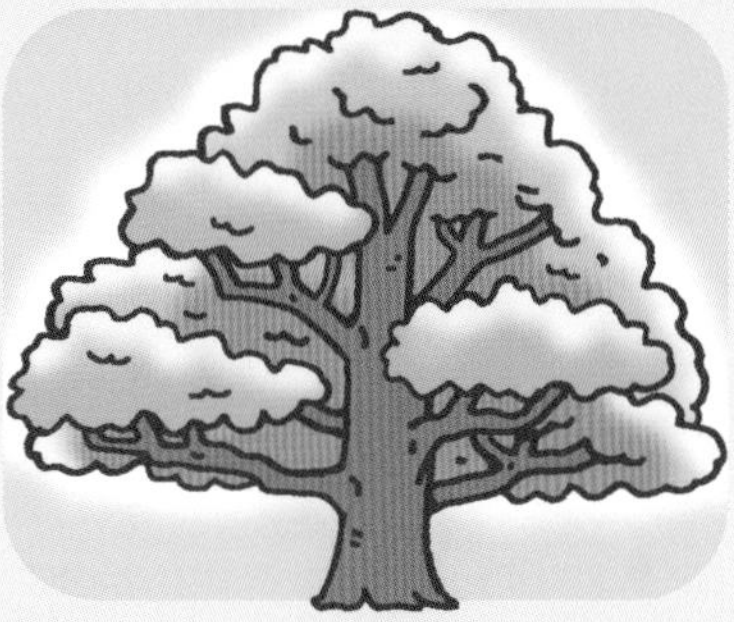

● どんな ようすを よんだ しですか。

きが、（　　　）いろの はを かがやかせ
えだや ねを ひろげ、みずを すいあげながら
（　　　）の ひかりを あびて
いきいきと そだつ ようす。

3 つぎの とき、ちゅういする ことは なんですか。あう もの ふたつずつに ○を つけましょう。

1 みんなの まえで はなしを する とき。

あ（　）いそいで はなして、はやく おわらせる。
い（　）きく ひとの かおを みて はなす。
う（　）ずっと したを むいて はなす。
え（　）ゆっくりと、おおきな こえで はなす。

2 はなしを きく とき。

あ（　）はなす ひとの かおを みて きく。
い（　）わからない ことは、はなしの とちゅうで きく。
う（　）わからない ことは、はなしが おわってから きく。
え（　）ずっと したを むいて きく。

4 みんなの まえで、しつもんを します。よい ほうの いいかたに ○を つけましょう。

あ（　）むしを なんびき つかまえたの。
い（　）むしを なんびき つかまえましたか。

ものしりメモ 「あるけ あるけ」と 「き」は、かんじた ことを みじかい ことばで あらわした、「し」と いう ぶんしょうだよ。

きほんのワーク

かぞえうた

きょうかしょ 上114～117ページ

こたえ 8ページ

べんきょうした日 月 日

もくひょう
●かずを あらわす かんじを、ただしく よんだり かいたり しよう。
●ものの かぞえかたを おぼえよう。

かん字《じ》れんしゅうノート12～13ページ

おわったら シールを はろう

あたらしい かんじ

◀れんしゅうしましょう。

きょうかしょ 114ページ

- 114 一 いち ひとつ（1かく）
- 114 二 に ふたつ（2かく）
- 114 三 さん みっつ（3かく）
- 114 四 し よん よっつ（5かく）
- 114 五 ご いつつ（4かく）
- 115 六 ろく むっつ（4かく）
- 115 七 しち なな ななつ（2かく）
- 115 八 はち やっつ（2かく）
- 115 九 きゅう く ここのつ（2かく）
- 115 十 じゅう じっ（じゅっ） とお（2かく）

ひつじゅん 1 2 3 4 5

1 かんじの よみ

よみがなを かきましょう。

○一、○三、○五、○七、○九、

○二、○四、○六、○八、○十。

○あたらしい かんじ
●よみかえの かんじ
◆とくべつな よみかた

2 かんじの よみ

よみがなを かきましょう。

（　　）つ　一つ、（　　）つ　二つ、（　　）つ　三つ、（　　）つ　四つ、（　　）つ　五つ、

（　　）つ　六つ、（　　）つ　七つ、（　　）つ　八つ、（　　）つ　九つ、（　　）　十。

3

かずの かぞえかたを おぼえましょう。

えを みて、れいと おなじように かぞえかたを かきましょう。

れい

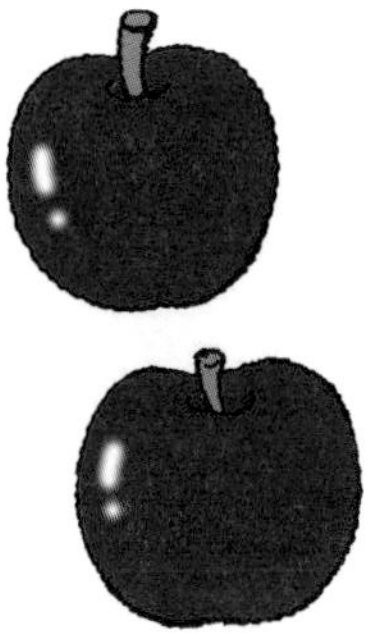

二（に）　こ

かずの かんじ

かんじの よみかた

かぞえかたの ことば

①

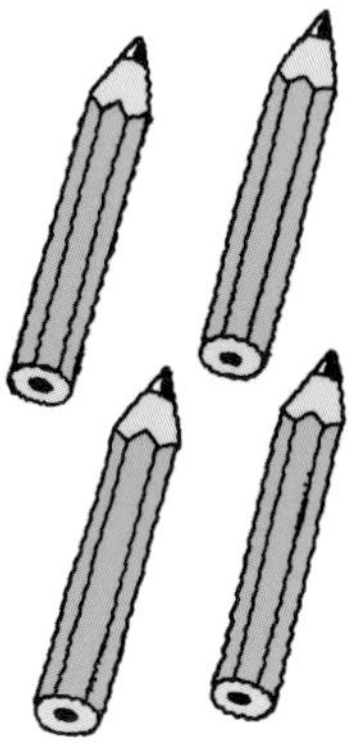

□（　　）○○

②

□（　　）○○

③

□（　　）○○

④

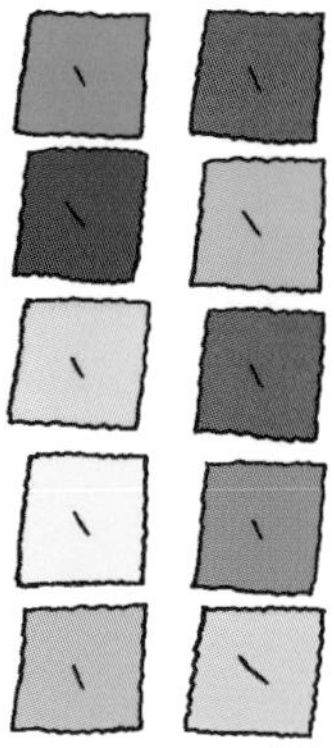

□（　　）○○

⑤

□（　　）○○

4

えを みて、にんずうを かぞえる ことばを、○に かきましょう。（ぜんぶ ひらがなで かきましょう。）

①

○○○

②

○○○

③

○○○

ものしりメモ

かぞえる ものに よって、かぞえかたの ことばが かわるよ。おなじ 一《いち》でも、とうふは「いっちょう」、いすは「いっきゃく」、とりは「いちわ」と かぞえるよ。

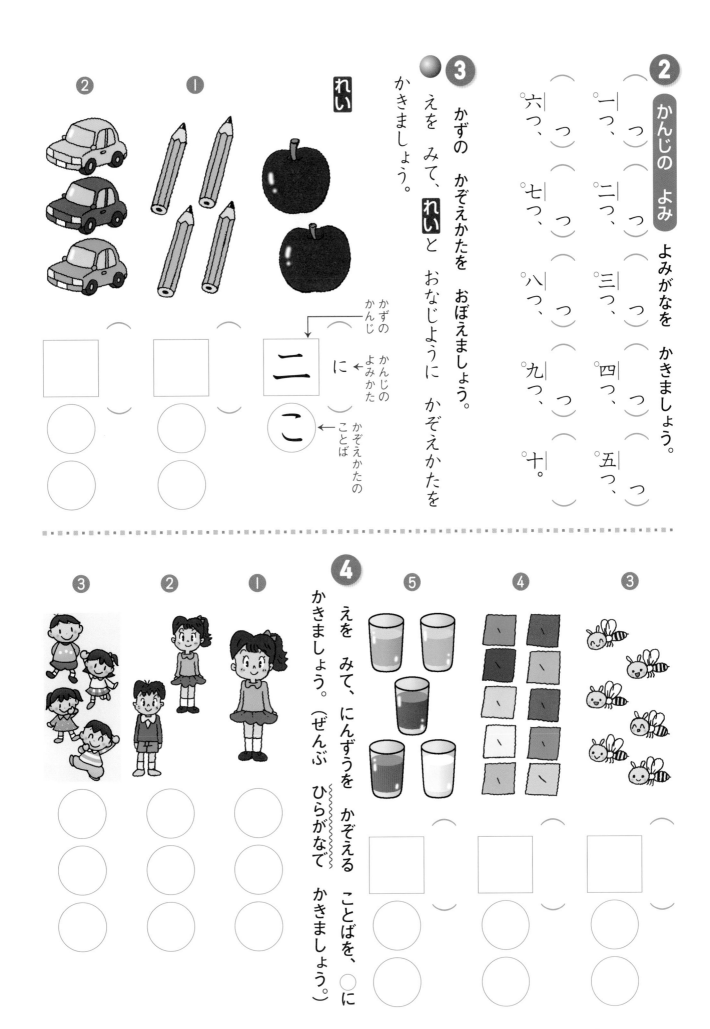

きほんのワーク

かいがら

きょうかしょ　㊤118～125ページ

こたえ　8ページ

べんきょうした日　月　日

もくひょう
●くまの　この　したことと、ばめんのようすを、そうぞうしながらよもう。

かん字れんしゅうノート14ページ

おわったら　シールを　はろう

✖ ぶんしょうを　よんで、こたえましょう。

くまの　こが、うさぎの　こに　いいました。
「うみで　かいがらを　ひろって　きたよ。」
「きれいね。みんな、ちがう　いろ。」
「うさぎちゃん、どれが　すき。」
「これよ。これが
いちばん　すき。」
うさぎの　こは、しまもようの
かいがらを　さしました。
「ああ、ぼくと　いっしょだ。」
くまの　こも、おなじ　ものが
いちばん　すきでした。
もし、うさぎの　こが　ももいろの
かいがらを　すきだと　いったら、
くまの　こは、おみやげに　あげる
つもりでした。

2　くまの　こは、どこで、なにを　ひろって　きたと　いいましたか。

くまの　こが　はなした　ことに　ちゅうもくしよう。

どこ（　　　）で

なに（　　　）を　ひろって　きた。

くまの　こは、かいがらを　みせながら　はなして　いるね。

3　くまの　こに　かいがらを　みせて　もらった　とき、うさぎの　こは　なんと　いいましたか。

「（　　　）ね。
みんな、（　　　）いろ。」

4　つぎの　❶・❷・❸に　あう　かいがらを　[　]から　えらんで、㋐・㋑・㋒で　こたえましょう。

ことばのいみ プラス
7ぎょう　しまもよう…たてや　よこの　すじが　ならんで　いる　もよう。
17ぎょう　きに　いる…すきに　なる。　20ぎょう　しまう…かたづける。

ももいろの　かいがらは、二ばんめに
きに　いって　いた　ものなのです。
くまの　こは、どう　しようかと
おもいました。
そして、かいがらを　そっと　しまって、
うちへ　かえりました。

〈もりやま　みやこ「かいがら」に　よる〉

20

1　くまの　こは、だれと　はなして　いますか。

（　　　　）

（おなじ　かいがらを　なんど　えらんでも　かまいません。）

❶　うさぎの　こが　いちばん　すきな　かいがら。（　　）

❷　くまの　こが　いちばん　すきな　かいがら。（　　）

❸　くまの　こが　二ばんめに　すきな　かいがら。（　　）

ⓐ　しまもよう

ⓘ　むらさきいろ

ⓤ　ももいろ

5　よくでる●　くまの　こが、うさぎの　こに　かいがらを　あげなかったのは、なぜですか。

（一つに　○を　つけましょう。）

ⓐ（　）うさぎの　こが、かいがらは　きらいだと　いったから。

ⓘ（　）うさぎの　こには、かいがらとは　べつの　ものを　あげたかったから。

ⓤ（　）うさぎの　こが　いちばん　すきな　かいがらを、じぶんも　いちばん　すきだったから。

ものしりメモ　「かいがら」の　さくしゃは、もりやま　みやこさんだよ。「きいろい　ばけつ」や「ともだち　ほしい」など、たくさんの　ほんを　かいて　いるよ。よんで　みてね。

まとめのテスト

かいがら

きょうかしょ ㊤118〜125ページ

こたえ 9ページ

じかん 20ぷん

とくてん　　/100てん

おわったら シールを はろう

べんきょうした日　月　日

ぶんしょうを よんで、こたえましょう。

つぎの ひ、くまの こは、しまもようの かいがらを もって、うさぎの この ところへ いきました。

「うさぎちゃん、あげるよ。」

「だって、それは、いちばん すきな ものでしょう。」

「うん。そうだよ。だから、あげるんだ。」

くまの こは、だいすきな ともだちには、いちばん いい ものを あげようと きめたのでした。

「ありがとう。ほんとうに ありがとう。」

うさぎの こは、くまの こに いいました。

それから、かいがらを みみに あてて、

「なみの おとが

2 よくでる● くまの こが、うさぎの こに あげると いった かいがらは、どれですか。〔20てん〕
（一つに ○を つけましょう。）


㋐（　）うさぎの こも、くまの こも、いちばん すきな かいがら。

㋑（　）くまの こが、二ばんめに すきな かいがら。

㋒（　）うさぎの こが、二ばんめに すきな かいがら。

3 くまの こは、なぜ、うさぎの こに その かいがらを あげたのですか。 一つ10〔20てん〕

（　　　　）ともだちには、いちばん（　　　　）を あげようと きめたから。

ことばのいみ プラス　14ぎょう　あてる…くっつける。

きこえて　きそう。」
と、にっこりしました。

〈もりやま　みやこ「かいがら」に　よる〉

1　つぎの　ひ、くまの　こは、どんな　かいがらを　もって、うさぎの　この　ところへ　いきましたか。〔10てん〕

（　　　　　）の　かいがら。

4　かいがらを　もらった　うさぎの　こは、くまの　こに　なんと　いいましたか。一つ10〔20てん〕

「ありがとう。

（　　　　　）に

（　　　　　）。」

5　かいがらを　みみに　あてた　うさぎの　こは、どんな　ようすに　なりましたか。〔10てん〕

□□□□した。

チャレンジ!

6　かいがらを　もらった　うさぎの　こは、どんな　きもちでしたか。〔20てん〕

あ（　）がっかりした　きもち。
い（　）とても　うれしい　きもち。
う（　）すこし　こまった　きもち。

ものしりメモ　かいがらには、うすくて　ひらたい　かたちの　ものや、うずを　まいたような　かたちの　ものなど、いろいろな　かたちの　ものが　あるよ。

きほんのワーク

かんじの はなし

きょうかしょ ㊤126～129ページ

こたえ 9ページ

べんきょうした日　月　日

もくひょう

●かんじの できかたと いみを おぼえて、ただしく よみかきしよう。

おわったら シールを はろう

あたらしい かんじ

◀れんしゅうしましょう。

きょうかしょ 126ページ

126 山《やま》 3かく

126 木《き》 4かく

127 川《かわ》 3かく

127 目《め》 5かく

127 月《つき》 4かく

128 上《うえ》 3かく

128 下《した》 3かく

ひつじゅん 1 2 3 4 5

かん字れんしゅうノート14ページ

1 かんじの よみ　よみがなを かきましょう。

○あたらしい かんじ
●よみかえの かんじ
◆とくべつな よみかた

① ○山（　　）に はえた ○木（　　）。

② ○上（　　）を みる。

③ ○下（　　）に おく。

2 かんじの かき　かんじを かきましょう。

① ○□《かわ》 あそび

② ○□《め》 ぐすり

③ ○□《つき》 が でる。

④ つくえの ○□《うえ》。

3

つぎの　かたちや　しるしから、どんな　かんじが　できましたか。あう　ものを　•—•で　むすびましょう。

1 めの　かたち

2 つきの　かたち

3 かわが　ながれる　かたち

4 うえに　ものが　ある　しるし

5 したに　ものが　ある　しるし

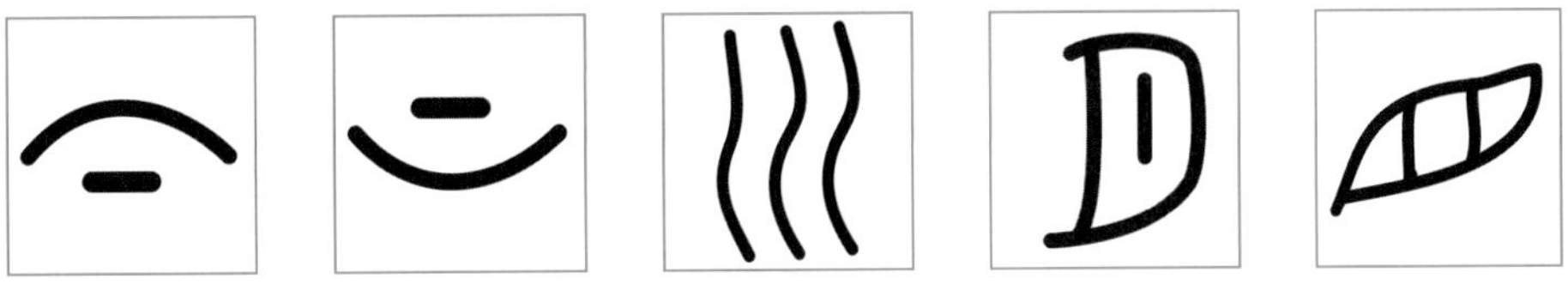

上　　下　　目　　川　　月

4

つぎの □の　えや　しるしを　かんじに　なおして、ぶん　ぜんたいを　かきましょう。

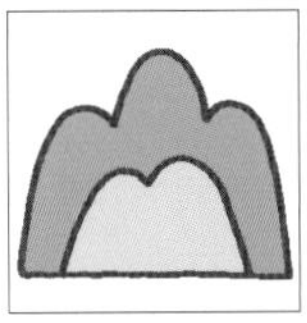の　に　たつと、には　おおきな　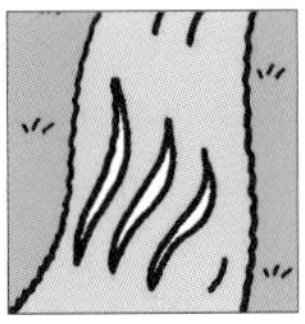や　たくさんの　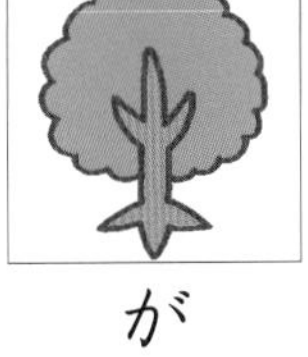が　みえた。

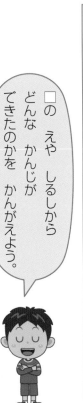

◀かきはじめは　一もじ　あけましょう。

ものしりメモ

ものの　かたちから　できた　かんじは、ほかにも　あるよ。「日《ひ》」は　おひさまの　かたちから、「田《た》」は　たんぼの　かたちから　できたんだ。

きほんのワーク

ありがとう

きょうかしょ　下見返《みかえ》し〜1ページ

こたえ　9ページ

もくひょう
●ただしい　しせいで　はっきりと　よもう。
●きもちを　そうぞうして　よもう。

べんきょうした日　月　日

おわったら　シールを　はろう

1　しを　よんで、こたえましょう。

ありがとう

しょうじ　たけし

ありがとう
ありがとう
いえば　とっても
いい　きもち

2　しの　はじめと　おわりの　ことばを　かきましょう。

3　「ありがとう」と　いえば、どんな　きもちが　するのですか。

二つめの　まとまりの　はじめの　「いえば」は、「ありがとう」と　「いえば」と　いう　ことだね。

（　　　　　）きもち。

ことばのいみプラス
3ぎょう　いえば…いったら。
5ぎょう　いわれりゃ…いわれると。

いわれりゃ もっと
いい きもち
ありがとう
ありがとう

5

1 こえに だして、しを よみましょう。

よめたら いろを ぬりましょう。

4 「もっと／いい きもち」が するのは、どんな ときですか。（一つに ○を つけましょう。）

あ（ ）「ありがとう」と おもった とき。
い（ ）「ありがとう」と いった とき。
う（ ）「ありがとう」と いわれた とき。

5 よくでる この しから、どんな きもちが つたわりますか。

あ（ ）「ありがとう」を いったり いわれたり するのは、すてきな ことだ。
い（ ）「ありがとう」は、こころの なかで おもう ほうが いい。
う（ ）「ありがとう」は、いわれるより いう ほうが たいせつだ。

2 □に かんじを かきましょう。

① □《め》を とじる。

② □《やま》で □《き》を きる。

ものしりメモ 「ありがとう」は、おれいの きもちを あらわす ことばだね。「ありがとう」と いわれたら、「どういたしまして」と へんじを しよう。

きほんのワーク

サラダで げんき かたかなを かこう ほか

きょうかしょ 下5～29ページ

こたえ 10ページ

べんきょうした日 月 日

もくひょう
●おはなしに 出て きた ひとや、した ことを よみとろう。
●かたかなを おぼえよう。

おわったら シールを はろう

かん字《じ》れんしゅうノート15～16ページ

あたらしい かんじ

◀れんしゅうしましょう。

きょうかしょ 8ページ

ひつじゅん 1 2 3 4 5

かんじ	よみ	かく数	ひつじゅん	ページ
中	なか	4かく	丨 口 口 中	8
大	おおきい おおいに おお	3かく	一 ナ 大	8
入	はいる いれる いる	2かく	丿 入	8
犬	いぬ	4かく	一 ナ 大 犬	10
小	ちいさい	3かく	亅 小 小	12
白	しろ しろい	5かく	丿 白 白 白 白	14
出	だす でる	5かく	丨 屮 屮 出 出	14
力	ちから	2かく	フ 力	16

1 かんじの よみ

よみがなを かきましょう。

○あたらしい かんじ
●よみかえの かんじ
◆とくべつな よみかた

① ○中を のぞく。
② サラダに ●入れる。
③ ○犬が くる。
④ ●大いそぎ
⑤ ○小さな おと。
⑥ ○白くまの でんぽう。
⑦ ○力づよく まぜる。
⑧ そとに ●出る。

② かんじの かき　かんじを かきましょう。

① □《なか》に □《はい》る。

② □《おお》きい □《いぬ》。

③ □《しろ》の はちまき。

④ □《ちから》を □《だ》す。

③ ことばの いみ　――の いみに あう ほうに、○を つけましょう。

① 10ページ たちまち うりきれる。

ア（　）すぐに。

イ（　）だんだん。

② 15 せかせかと あるく。

ア（　）のんびりと。

イ（　）いそがしそうに。

ないようを つかもう！

★ サラダで げんき　おはなしに 出て きた じゅんに なるように、□に 1、2、3、4、5、6、7を かきましょう。

きょうかしょ 6～16ページ

④ かたかな　かたかなで かきましょう。

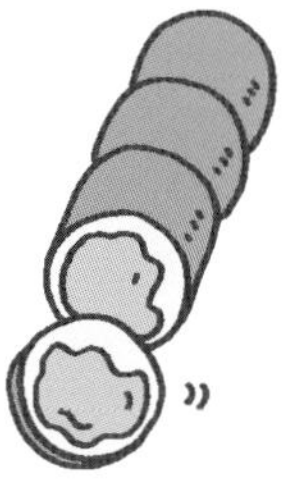

① は む

② さ ら だ

③ と ま と

④ あ ふ り か

⑤ き ゃ べ つ

⑥ す ぷ ー ん

ものしりメモ　かたかなは、かんじを もとに して つくられたんだよ。たとえば、「三」と いう かんじからは 「ミ」が、「八」と いう かんじからは 「ハ」が できたよ。

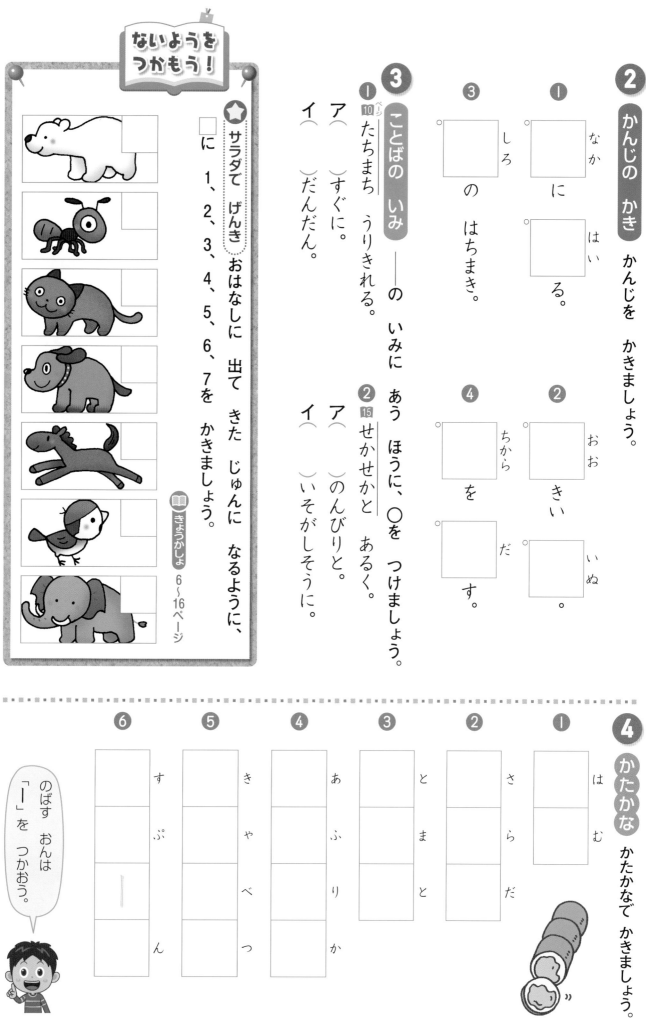

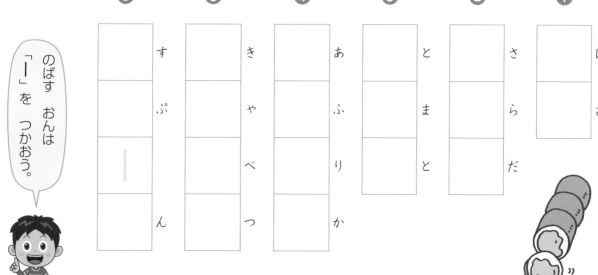

れんしゅうのワーク

サラダで げんき

きょうかしょ 下5～29ページ
こたえ 10ページ

べんきょうした日 月 日

わかるナビ
りっちゃんが かんがえた ことや、した ことを、「 」に ちゅういして よみとろう。

おわったら シールを はろう

ぶんしょうを よんで、こたえましょう。

りっちゃんは、おかあさんが びょうきなので、なにか いい ことを して あげたいと おもいました。
「かたを たたいて あげようかな。なぞなぞごっこを して あげようかな。くすぐって、わらわせて あげようかな。でも、もっと もっと いい ことは ないかしら。おかあさんが、たちまち げんきに なって しまうような こと。」
りっちゃんは、いっしょうけんめい

1 りっちゃんが、おかあさんに なにか いい ことを して あげたいと おもったのは、なぜですか。

おかあさんが（　　　　）だから。

2 「もっと もっと いい こと」とは、どんな ことですか。

（　　　　）が、たちまち（　　　　）に なって しまうような こと。

3 よくでる りっちゃんは、おかあさんに なにを して あげる ことに きめましたか。

おいしくて げんきに なる（　　　　）あげる こと。

ことばの いみ プラス
27ぎょう のっそり…うごきが ゆっくりして いる ようす。

かんがえました。
「あっ、そうだわ。おいしい　サラダを
つくって　あげよう。げんきに　なる
サラダを　つくって　あげよう。」
りっちゃんは、れいぞうこを　あけて　中を
のぞきました。
りっちゃんは、サラダを　つくりはじめました。
きゅうりを　トン　トン　トン、キャベツは　シャ
シャ　シャキ、トマトも　ストン　トン　トンと
きって、大きな　おさらに　のせました。
すると、のらねこが、
のっそり　入って　きて
いいました。
「サラダに　かつおぶしを
入れると　いいですよ。
すぐに　げんきに
なりますよ。木のぼりだって　じょうずに
なりますよ。ねこみたいにね。」
「おしえて　くれて　ありがとう。」
りっちゃんは、さっそく　かつおぶしを
サラダに　かけました。

〈かどの　えいこ「サラダで　げんき」に　よる〉

4 りっちゃんが　やさいを　きる　とき、どんな　おとが　しましたか。・――・で　むすびましょう。

きゅうり・　　・ア　シャ　シャ　シャキ
キャベツ・　　・イ　ストン　トン　トン
トマト・　　・ウ　トン　トン　トン

5 つぎの　もんだいに　こたえましょう。

(1) りっちゃんの　ところに、だれが、どんな　ようすで　入って　きましたか。

（だれ　　　　）が、（どんな　ようす　　　　）入って　きた。

(2) よくでる りっちゃんに、どんな　ことを　おしえて　くれましたか。（一つに　○を　つけましょう。）

のらねこの　ことばを　よく　よもう。

ア（　）やさいを　おさらに　のせる　こと。
イ（　）じょうずに　木に　のぼる　ほうほう。
ウ（　）サラダに　かつおぶしを　入れる　こと。

りっちゃんは、のらねこに　おそわった　とおりに　したんだね。

ものしりメモ　「サラダで　げんき」の　さくしゃは、かどの　えいこさん。「まじょの　たっきゅうびん」が　ゆうめいだね。ほかの　さくひんも　よんで　みよう。

まとめの　テスト

サラダで　げんき　かたかなを　かこう

きょうかしょ　下5〜29ページ

こたえ　11ページ

べんきょうした日　月　日

じかん　20ぷん

とくてん　/100てん

おわったら　シールを　はろう

1 ぶんしょうを　よんで、こたえましょう。

とつぜん、キューン、ゴー　ゴー、キューと　いう　おとが　して、ひこうきが　とまると、アフリカぞうが　せかせかと　おりて　きました。

「まにあって　よかった　よかった　よかった。ひとつ　おてつだいしましょう。」

「ありがとう。でも、もう　できあがったの。」

りっちゃんは　いいました。

「いや　いや、これからが　ぼくの　しごと。」

アフリカぞうは、サラダに　あぶらと　しおと　すを　かけると、

1 アフリカぞうは、ひこうきから　どのように　おりて　きましたか。〔10てん〕

（　　　　）と　おりて　きた。

2 よくでる 「ぼくの　しごと」とは、なにを　する　ことですか。二つ　えらんで　○を　つけましょう。　一つ5〔10てん〕

ア（　）サラダを　まぜる　こと。

イ（　）やさいを　きる　こと。

ウ（　）サラダを　たべる　こと。

エ（　）サラダに　あじを　つける　こと。

3 アフリカぞうは、サラダに　なにを　かけましたか。三つ　かきましょう。　一つ5〔15てん〕

（　　　　）（　　　　）（　　　　）

チャレンジ!

4 アフリカぞうは、サラダを　どのように　まぜましたか。　一つ5〔10てん〕

ことばの　いみ　プラス　4ぎょう　まにあう…じかんに　おくれないで　つく。

スプーンを　はなで　にぎって、力づよく　くりん
くりんと　まぜました。
「おかあさん、さあ、いっしょに　サラダを
いただきましょ。」
と、りっちゃんは　いいました。
りっちゃんの　おかあさんは、サラダを
たべて、たちまち　げんきに　なりました。

〈かどの　えいこ「サラダで　げんき」に　よる〉

スプーンを（　　　）で　にぎって、

力づよく（　　　）と　まぜた。

5 よくでる● サラダを　たべた　りっちゃんの　おかあさんは、どう　なりましたか。〔10てん〕

（　　　　　　）

2 **えを　みて、なまえを　かたかなで　かきましょう。** 一つ5〔20てん〕

① 

ミ□□

② 

□□□

③ 

ク□□□

④ 

□□□□□□

3 **つぎの　もんだいに　こたえましょう。**

(1) □に　かんじを　かきましょう。 一つ5〔20てん〕

① □《い》れる

② □《おお》きい

③ □《ちい》さい

④ □《だ》す

(2) はんたいの　ことばを　●―●で　むすびましょう。 ぜんぶ　できて〔5てん〕

ものしりメモ　あぶらと　しおと　すを　まぜると、ドレッシングが　できるよ。マヨネーズは、これに、たまごを　入れた　ものなんだ。

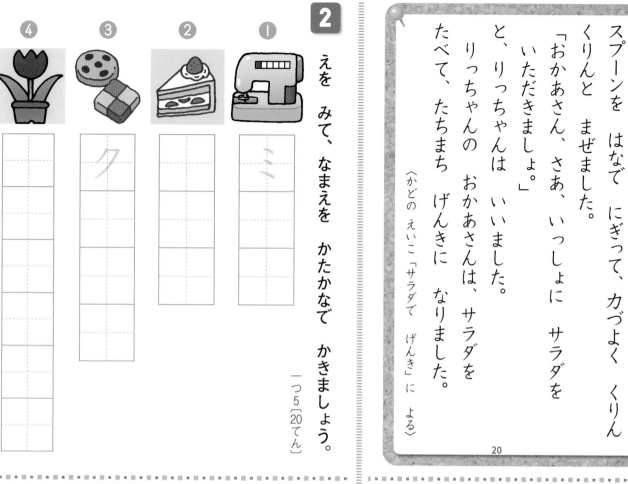

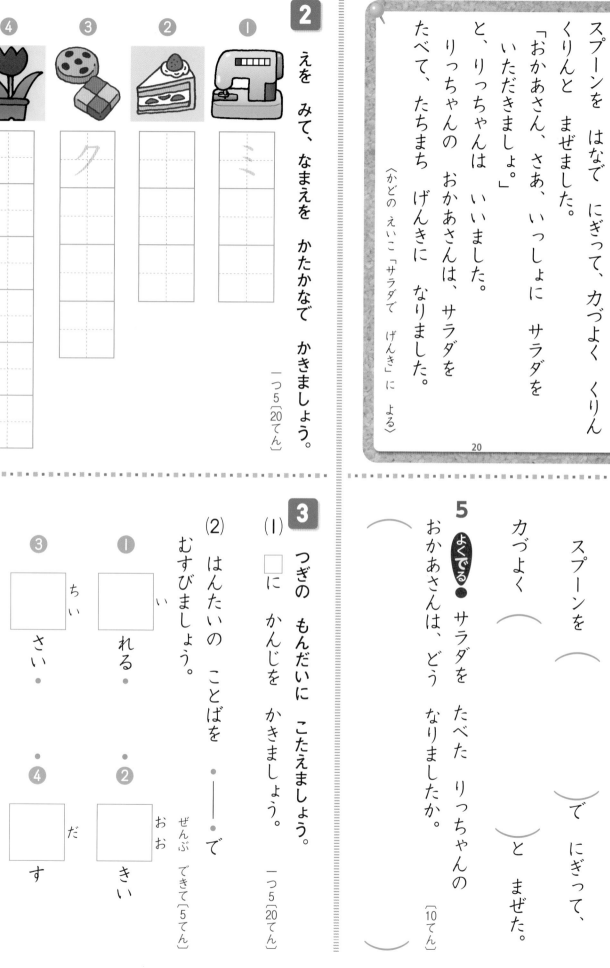

きほんのワーク

なにに　見えるかな

きょうかしょ　下30～35ページ

こたえ　11ページ

べんきょうした日　月　日

もくひょう
●先生や　ともだちと　はなしを　たのしく　つなぐ　ほうほうを　おぼえよう。

かん字れんしゅうノート16ページ

おわったら　シールを　はろう

あたらしい　かんじ

▼れんしゅうしましょう。

きょうかしょ　30ページ

見《みえる　みる　みせる》（7かく）

先《せん》（6かく）

生《せい》（5かく）

気《き》（6かく）

ひつじゅん　1　2　3　4　5

1 かんじの　よみ

よみがなを　かきましょう。

○あたらしい　かんじ　●よみかえの　かんじ　◆とくべつな　よみかた

① ちょうに　見（　　える）える。

② 先生（　　　）と　はなす。

③ 気（　　　）を　つける。

「見」と「目」は　かたちが　にて　いるね。

2 かんじの　かき

かんじを　かきましょう。

① かたつむりに　□《み》える。

② □□《せんせい》に　きく。

③ くるまに　□《き》を　つける。

はねる　ところに　きを　つけて　かこう。

3 かわの めいさんが ともだちと はなしを して います。よんで こたえましょう。

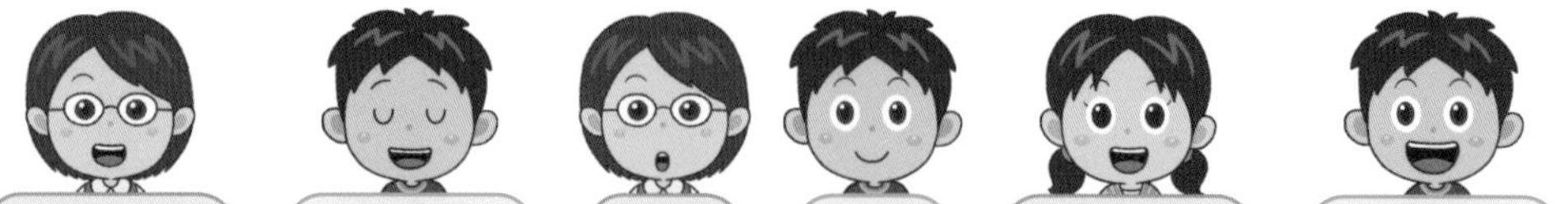

ぼくには、これが かたつむりの おやこに 見えるよ。

かたつむりの おやこに 見えるんだね。どれが かたつむりの からなの。

まつぼっくりだよ。

ほんとうだ。どんぐりが からだかな。

そうだよ。どんぐりに、つのを つけたら かたつむりに なるよ。

いいね。かたつむりは、なにを して いるの。

1 なにが かたつむりの おやこに 見えると いって いますか。

（　　　　）と（　　　　）。

2 めいさんたちは はなしを たのしく つなぐ ために、どう して いますか。あう もの ぜんぶに ○を つけましょう。

ア（　）あいての いった ことを くりかえしたり、かんそうを いったり して いる。

イ（　）あいてが はなして いる とちゅうで はなしはじめて いる。

ウ（　）わからない ことは しつもんして いる。

エ（　）じぶんの はなしたい ことを かってに はなして いる。

はなしを きいて くれて いると おもうと、たのしく はなす ことが できるよね。

ものしりメモ 「いいね。」「おもしろいね。」のように かんそうを いう ことで、「あなたの はなしを しっかり きいて います。」と、あいてに つたえる ことが できるよ。

きほんのワーク

よう日《び》と 日づけ

きょうかしょ 下36～37ページ

こたえ 11ページ

べんきょうした日　月　日

もくひょう
●よう日と 日づけの かんじを おぼえよう。

かん字《じ》れんしゅうノート17～18ページ

おわったら シールを はろう

あたらしい かんじ

◀れんしゅうしましょう。

ひつじゅん 1 2 3 4 5

きょうかしょ 36ページ

かんじ	よみ	ひつじゅん	かく
日	ひ／にち／か	丨 冂 日 日	4かく
火	ひ／か	丶 丷 火 火	4かく
水	みず／すい	亅 才 水 水	4かく
金	かね／きん	ノ 人 亼 今 全 余 金 金	8かく
土	つち／ど	一 十 土	3かく

1 かんじの よみ

よみがなを かきましょう。

○あたらしい かんじ
●よみかえの かんじ
◆とくべつな よみかた

①（　　）月よう日
②（　　）水よう日
③（　　）木よう日
④ お（　　）金を わたす。
⑤（　　）土を ほる。
⑥（いち）一（　　）月

2 かんじの かき

かんじを かきましょう。

① お□（ひ）さま
② たき□（び）
③ おいしい □（みず）。
④ □（きん）よう日

3 ――の 日づけの よみがなを かきましょう。

① 二月二日（　　）

② 三月三日（　　）

③ 五月五日（　　）

④ 六月六日（　　）

⑤ 八月八日（　　）

⑥ 九月九日（　　）

⑦ 十月十日（　　）

⑧ 十二月二十日（　　）

4 えを 見て、日づけを かんじで かきましょう。

①

一月 □□ ついたち

②

七月 □□ なのか

日づけを あらわす かんじには、とくべつな よみかたを する ものが あるよ。

5 日よう日から じゅんばんに よう日を かんじで かきましょう。（ ）には よみがなを かきましょう。

① 日 よう日（　　）

② □よう日（　　）

③ □よう日（　　）

④ □よう日（　　）

⑤ □よう日（　　）

⑥ □よう日（　　）

⑦ □よう日（　　）

七日で ひとまわり。

ことしの たんじょう日は なんよう日かな。カレンダーを 見て みよう。

ものしりメモ

「一月一日」のように、日づけの ばあい、「一日」は 「ついたち」と よむね。でも、「一日じゅう あるいた。」のような ばあいは、「いちにち」と よむよ。

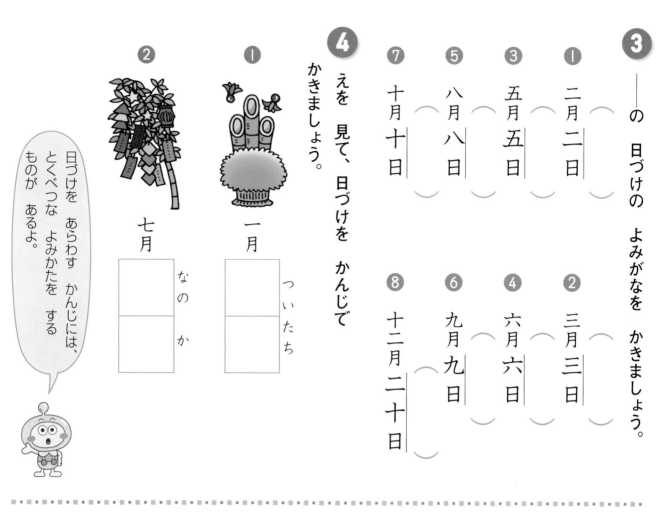

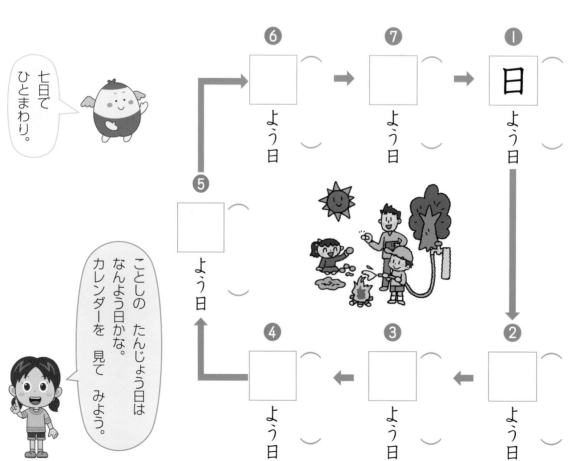

きほんのワーク

はっけんしたよ ひらがなを つかおう1

べんきょうした日　月　日

きょうかしょ　下38～42ページ

こたえ　12ページ

もくひょう
みのまわりで はっけんした ことを 文しょうに かいて、ともだちに つたえよう。

おわったら シールを はろう

かん字れんしゅうノート19ページ

あたらしい かん字

◀れんしゅうしましょう。　きょうかしょ 38ページ

ひつじゅん 1 2 3 4 5

38 花《はな》　7かく
一 十 艹 艹 芢 花 花

38 文《ぶん》　4かく
丶 亠 ナ 文

39 音《おと》　9かく
丶 亠 亡 立 立 产 音 音 音

41 町《まち》　7かく
丨 冂 冃 田 田 町 町

42 字《じ》　6かく
丶 丶 宀 宁 字 字

花・文・音・字
かたちに ちゅういしよう。

1 かん字の よみ　よみがなを かきましょう。

○あたらしい かん字　●よみかえの かん字　◆とくべつな よみかた

1 ○花（　　）が さく。

2 ●生（　　）きものの からだ。　きもの）

3 ○文（　　）しょうを かく。

4 ○音（　　）が きこえる。

5 ○町（　　）を あるく。

6 かん ○字（　　）を よむ。

2 かん字の かき　かん字を かきましょう。

1 ○□《はな》や 木。

2 大きな ○□《おと》。

3 ○□《まち》の なまえ。

4 ○□《じ》を かく。

③ みのまわりの ものの ようすを つたえる ときの ことに ついて こたえましょう。

1 まず、見つけた ものの ようすを 「はっけんメモ」に かきます。どんな ことを かくと よいですか。あう もの 二つに ○を つけましょう。

ア（　）先生から きいた こと。
イ（　）さわった かんじや きこえる 音。
ウ（　）ほんで しらべた こと。
エ（　）いろや かたち、大きさ。

2 「はっけんメモ」を 見ながら 文しょうを かきます。文しょうに ひつような ないようを 二つ えらんで、○を つけましょう。

ア（　）見た ばしょや もの。
イ（　）いっしょに いた ともだちの こと。
ウ（　）じぶんが 気づいた ことや おもった こと。
エ（　）ともだちが 気づいた ことや おもった こと。

④ ひらがなの れんしゅうを しましょう。ただしい 字を えらんで かきましょう。

① ちきゅう［　］（わ・は） あおい。
② けしごむ［　］（お・を） かう。
③ 川［　］（え・へ） いく。
④ ［　］（お・を）ばけ［　］（お・を） 見る。
⑤ い［　］（え・へ）［　］（え・へ） かえる。
⑥ ［　］（わ・は）たし［　］（わ・は）、あかい ふくが すきです。

ものしりメモ
「ようすを よく 見る こと」を、「かんさつ」と いうよ。いろや かたち、大きさ、さわった かんじ、においなど、こまかい ところまで かんさつして みよう。

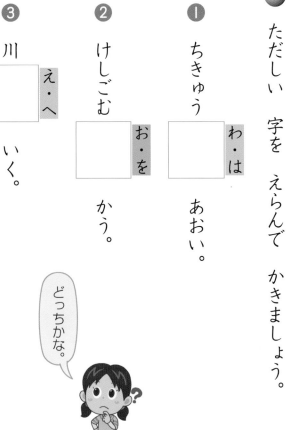

きほんのワーク

いろいろな ふね 「のりものカード」を つくろう ほか

きょうかしょ ㊦43～57ページ

こたえ 12ページ

べんきょうした日 月 日

もくひょう
●なにを する ために どんな くふうが して ある ふねか よみとろう。
●まとめて よぶ ことばを おぼえよう。

おわったら シールを はろう

かん字れんしゅうノート20ページ

あたらしい かん字

◀れんしゅうしましょう。

きょうかしょ 44ページ

44 人《ひと》	44 休《やすむ　やすまる　やすめる》	46 車《しゃ　くるま》	52 本《ほん》
丿人	丿亻仁什休休	一厂冂曰曰亘車	一十才木本
2かく	6かく	7かく	5かく

ひつじゅん 1 2 3 4 5

○あたらしい かん字
●よみかえの かん字
◆とくべつな よみかた

1 かん字の よみ よみがなを かきましょう。

① 人を はこぶ。（　　）

② きゃくしつで 休む。（　　む）

③ 車に のる。（　　）

④ 本を よむ。（　　）

2 かん字の かき かん字を かきましょう。

① たくさんの □《ひと》。

② いえで □《やす》む。

4 かたかな かたかなで かきましょう。

① ふえり

② ぼと

③ ぽんぷ

④ ほす

⑤ かど

③ じどう□《しゃ》を とめる。

④ □《ほん》を ひらく。

3 ことばの いみ

上の ことばの いみを 下から えらんで、・――・で むすびましょう。

① 44ページ きゃくしつ ・　　・ア わりあてられた しごと。

② 47 むれ ・　　・イ おきゃくさんが つかう へや。

③ 48 やく目 ・　　・ウ たくさんの 人や どうぶつの あつまり。

ないようを つかもう！

★ いろいろな ふね

おはなしに 出て きた ふねです。えに あう ふねの なまえを えらんで、きごうを ○に かきましょう。

きょうかしょ 44～48ページ

ア ぎょせん
イ きゃくせん
ウ しょうぼうてい
エ フェリーボート

⑥ □□□《よっと》

⑦ □□□《ばなな》

5 ことばの つかいかた

あう ことばを ・――・で むすんで、文を つくりましょう。

① 火を ・　　・とる。

② きゃくしつで ・　　・ある。

③ さかなを ・　　・けす。

④ きゃくしつが ・　　・休む。

⑤ 水を ・　　・かける。

――で むすんだら、こえに 出して よんで たしかめよう。

ものしりメモ　ほかにも、ふねの ことを しりたい ときは、ずかんを 見て みよう。がっこうの としょかんで、のりものや ふねの ずかんを さがして みよう。

れんしゅうのワーク

いろいろな ふね

きょうかしょ 下43～57ページ

こたえ 12ページ

べんきょうした日 月 日

わかるナビ
●フェリーボートや ぎょせんの やく目と、どのように つくられて いるかを よみとろう。

おわったら シールを はろう

文しょうを よんで、こたえましょう。

フェリーボートは、たくさんの 人と じどう車を いっしょに はこぶ ための ふねです。

この ふねの 中には、きゃくしつや 車を とめて おく ところが あります。

人は、車を ふねに 入れてから、きゃくしつで 休みます。

1 よくでる● フェリーボートは、なにを する ための ふねですか。

たくさんの 人と ［　　　　］を

［　　　　］に はこぶ ための ふね。

2 よくでる● フェリーボートの 中には、どんな ところが ありますか。二つ かきましょう。

人や 車を どう する ところかな。

（　　　　）

（　　　　）

3 フェリーボートを つかう とき、人は どう しますか。（二つに ○を つけましょう。）

ことばの いみ プラス

2ぎょう いっしょに…あわせて。いっぺんに。

15ぎょう きかい…でんきなどの 力で うごかす そうち。

ぎょせんは、さかなを　とる　ための
ふねです。
この　ふねは、さかなの　むれを　見つける
きかいや、あみを　つんで　います。
見つけた　さかなを　あみで　とります。

〈「いろいろな　ふね」に　よる〉

15

ア（　）車を　ふねに　入れてから、車の　中で　休む。
イ（　）車を　ふねに　入れてから、きゃくしつで　休む。
ウ（　）車を　ふねに　入れてから、べつの　きゃくせんに　のる。

4 ぎょせんは、なにを　する　ための　ふねですか。

（　　　　　　）ための　ふね。

5 よくでる● ぎょせんは、なにを　つんで　いますか。

（　　　　　　）を　見つける
きかいや、見つけた　さかなを　とる
（　　　　　　）。

それぞれの　ふねは、やく目に　あう　ように　つくられて　いるんだね。

ものしりメモ ほかに　どんな　ふねを　しって　いるかな。タンカーは、せきゆなどを　はこぶ　ふねだよ。じどう車だけを　はこぶ、じどう車せんようせんなども　あるよ。

まとめのテスト

いろいろな ふね まとめて よぶ ことば

きょうかしょ 下43～57ページ
こたえ 12ページ

じかん 20ぷん

とくてん /100てん

おわったら シールを はろう

べんきょうした 日 月 日

1 文しょうを よんで、こたえましょう。

しょうぼうていは、ふねの 火じを けす ための ふねです。
この ふねは、ポンプや ホースを つんで います。火じが あると、水や くすりを かけて、火を けします。
いろいろな ふねが、それぞれの やく目に あうように つくられて います。

〈「いろいろな ふね」に よる〉

よくでる● 文しょうに 出て きた ふねに ついて、ひょうに まとめましょう。 一つ8〔32てん〕

ふねの なまえ	ふねの やく目	やく目の ための くふう
（　　）	（　　）	（　　）を つんで いて、火じが あると、水や（　　）を かけて、火を けす。

ことばの いみ プラス
4ぎょう ポンプ…水や あぶらなどを おくり出す ための どうぐ。
5ぎょう ホース…水や ガスなどを おくる ための くだ。

2 まとめて よぶ ことばに ついて こたえましょう。

1 つぎの〔　〕の ことばと、それを まとめて よぶ ことばを ・――・で むすびましょう。 一つ4〔12てん〕

① 〔ヨット・ボート〕 ・　　・きょうか
② 〔さんすう・こくご〕 ・　　・ふね
③ 〔バス・トラック〕 ・　　・じどう車

2 つぎの まとめて よぶ ことばの 中には、どんな ものが あるでしょう。二つずつ かきましょう。 一つ5〔20てん〕

れい　ぶんぼうぐ→はさみ・のり

① 花→ ［　　］・［　　］

② こんちゅう→ ［　　］・［　　］

チャレンジ！

3 つぎの えの ものを まとめて よぶ ことばを □に かきましょう。 一つ5〔30てん〕

①  ［　　］

② 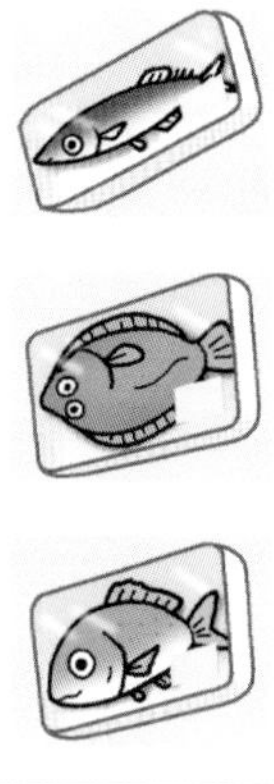 ［　　］

③ 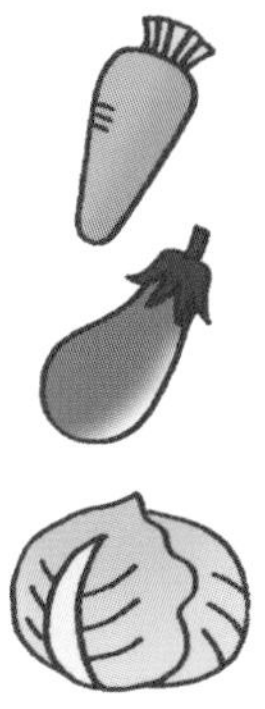 ［　　］

④  ［　　］

⑤  ［　　］

⑥  ［　　］

4 3の①～⑥を まとめて よぶ ことばを かきましょう。 〔6てん〕

［　　］

ものしりメモ　「のりもの」には　じどう車や　ふねの　ほかに、ひこうきや　ヘリコプター、でん車などが　あるよ。

きほんのワーク

すきな きょうかを はなそう
おもい出して かこう ほか

きょうかしょ 下58～68ページ

こたえ 13ページ

べんきょうした日　月　日

もくひょう
- すきな ことに ついて こえの 大きさや はやさに 気を つけて はなそう。
- した ことを じゅんじょよく かこう。

おわったら シールを はろう

かん字れんしゅうノート21ページ

あたらしい かん字

◀れんしゅうしましょう。

きょうかしょ 58ページ

学《がく》　8かく
学学学学学学学学

58

校《こう》　10かく
校校校校校校校校校校

ひつじゅん 1 2 3 4 5

1 かん字の よみ　よみがなを かきましょう。

○あたらしい かん字　●よみかえの かん字　◆とくべつな よみかた

① 学校へ いく。（　　）

② 音どくする。（　　）

2 かん字の かき　かん字を かきましょう。

① □□《がっこう》で まなぶ。

3 えを 見て、なまえを ひらがなで かきましょう。

① 
□□□□

② 
□□□□

③ 
□□□□

4 つぎの はっぴょうに ついて こたえましょう。

わたしの すきな きょうかの ことを はなします。

一つ目は、音がくです。うたを うたう ことが すきだからです。

二つ目は、生かつかです。学校を たんけんしたり、花を そだてたり する ことが たのしい □。

1 はっぴょうする とき、どんな ことに 気を つけると よいですか。（二つに ○を つけましょう。）

ア（　）わけを いわずに、すきな きょうかを たくさん あげる。

イ（　）音がくと 生かつかが すきな りゆうを 一つに まとめる。

ウ（　）ことばが よく ききとれるように、ゆっくりと はなす。

2 □に あう ことばを かきましょう。

□

5 文しょうを よんで、こたえましょう。

わたしは、きのう、そうじをしました。ゆかにそうじきをかけました。□、ぞうきんでふきました。おかあさんが見て、

「きれいになったね。」

といいました。わたしは、うれしくなりました。

1 □に あう ことばを、［　］から えらんで かきましょう。

［ はじめに　それから　けれども ］

2 はなした ことばに「　」を かきましょう。

ものしりメモ 「はじめに」「つぎに」「それから」「さいごに」など、じゅんじょを あらわす ことばを つかうと、文しょうが わかりやすく なるね。

こえに 出して よもう

きほんのワーク

おとうとねずみ チロ
かん字を つかおう1／すきな おはなしは なにかな

きょうかしょ 下69～87ページ
こたえ 13ページ

べんきょうした日 月 日

もくひょう
●チロの ようすを、おもいうかべながら よもう。
●チロの 気もちを よみとろう。

かん字れんしゅうノート21～22ページ

おわったら シールを はろう

あたらしい かん字

▼れんしゅうしましょう。

きょうかしょ 70ページ

きょうかしょ	かん字	よみ	ひつじゅん	かく
70	手	て	一 二 三 手	4かく
71	赤	あか・あかい・あからむ・あからめる	一 十 土 ナ 赤 赤 赤	7かく
71	青	あお・あおい	一 十 キ 圭 青 青 青 青	8かく
72	名	な	ノ ク タ 夕 名 名	6かく
74	立	たつ・たてる	丶 亠 亣 立 立	5かく
76	口	くち	丨 冂 口	3かく
77	耳	みみ	一 丅 F F E 耳	6かく
83	女	おんな	く 女 女	3かく
83	子	こ	了 了 子	3かく
83	男	おとこ	丨 冂 日 田 田 男 男	7かく
85	年	ねん	ノ 𠂉 仁 仁 午 年	6かく

ひつじゅん 1 2 3 4 5

1 かん字の よみ　よみがなを かきましょう。

① 手がみが とどく。

② 赤と 青の いろ。

○あたらしい かん字
●よみかえの かん字
◆とくべつな よみかた

3 ——の ことばを かん字で かきましょう。

①かわの 中に、めだかが ②ななひき、いしが ③よんこ。

① □
② □
③ □

③ ねずみの 名（　　）まえ。

④ 木の 上に 立（　　）つ。

⑤ こえを はり上（　　げる）げる。

⑥ 耳（　　）を すます。

⑦ 小（　　）づつみが とどく。

⑧ 人（　　）ぶつの ようす。

⑨ 女（　　）の 子（　　）の くつ。

「口」と「耳」は、どちらも からだの ぶぶんを あらわす かん字だね。

2 かん字の かき

かん字を かきましょう。

① □《くち》を あける。

② 一□《ねん》生の □《おとこ》の子。

ないようを つかもう！

☆ おとうとねずみ チロ

おはなしの じゅんに なるように、○に 1、2、3、4を かきましょう。

きょうかしょ 70〜78ページ

4 ことばの いみ

——の いみに あう ほうに、○を つけましょう。

① 76ページ こえを はり上げて いう。

ア（　）よわよわしく 出して。

イ（　）大きく つよく 出して。

② 77 耳を すまして いました。

ア（　）いやがって きかないで。

イ（　）ちゅういして きいて。

③ 84 本を しょうかいする。

ア（　）ないようや すきな ところを おしえる。

イ（　）だいじな ことを ひみつに する。

5 ことばの つかいかた

あう ことばを ・——・で むすんで、文を つくりましょう。

① かんそうを・　　・あむ。

② セーターを・　　・のぼる。

③ おかに・　　・つたえる。

ものしりメモ ねずみが 出て くる おはなしは おおいよ。「ぐりと ぐら」「番《ばん》ねずみの ヤカちゃん」など、としょかんで 見つけたら よんで みよう。

おとうとねずみ チロ

きょうかしょ ㊦69～87ページ
こたえ 14ページ

べんきょうした日 月 日

わかるナビ
●チロの ようすや 気もちを そうぞうしながら よもう。

おわったら シールを はろう

文しょうを よんで、こたえましょう。

ある 日、三びきの ねずみの きょうだいの ところへ、おばあちゃんから 手がみが とどきました。それには、こんな ことが かいて ありました。

あたらしい けいとで、おまえたちの チョッキを あんで います。けいとの いろは、赤と 青です。もう すぐ あみあがります。たのしみに まって いて ください。

さあ、三びきは 大よろこび。

1 だれから、手がみが とどきましたか。

（　　　　）から。

2 手がみには、どんな ことが かいて ありましたか。

おばあちゃんが、三びきの ねずみの （　　　　）の ために、（　　　　）の いろの あたらしい けいとで、（　　　　）を あんで いる こと。

3 手がみを よんだ ねずみの きょうだいは、どんな ようすでしたか。

ことばの いみ プラス
9ぎょう チョッキ…そでの ない ふく。ベスト。 27ぎょう あわてる…びっくりして いそぐ。 27ぎょう いいかえす…いわれた ことと はんたいの ことばを かえす。

「ぼくは　赤が　いいな。」

にいさんねずみが　いいました。

「わたしは　青が　すき。」

ねえさんねずみが　いいました。

「ぼくは　赤と　青。」

おとうとねずみが　いいました。

「チロのは　ないよ。」

にいさんねずみが　いいました。

チロと　いうのは、
おとうとねずみの　名まえです。

「そうよ。青いのと　赤いのだけよ。」

ねえさんねずみが　いいました。

「そんな　こと　ないよ。ぼくのも　あるよ。」

チロは、あわてて　いいかえしましたが、
ほんとうは、とても　しんぱいでした。

　もしかすると、おばあちゃんは、いちばん
小さい　チロの　ことを　わすれて
しまったのかも
しれません。

〈もりやま　みやこ「おとうとねずみ　チロ」に　よる〉

4 ねずみの　きょうだいが　すきな　いろは、なんですか。

「　」の　ある　ぶぶんを　よく　よもう。

① にいさん ねずみ（　　　）
② ねえさん ねずみ（　　　）
③ おとうと ねずみ チロ（　　　）

5 よくでる● チロが　しんぱいなのは　どんな　ことですか。（一つに　○を　つけましょう。）

ア（　）おばあちゃんは　手がみを　くれるかな。

イ（　）赤と　青の　けいとで　あんで　くれるかな。

ウ（　）ぼくの　チョッキも　あんで　くれるかな。

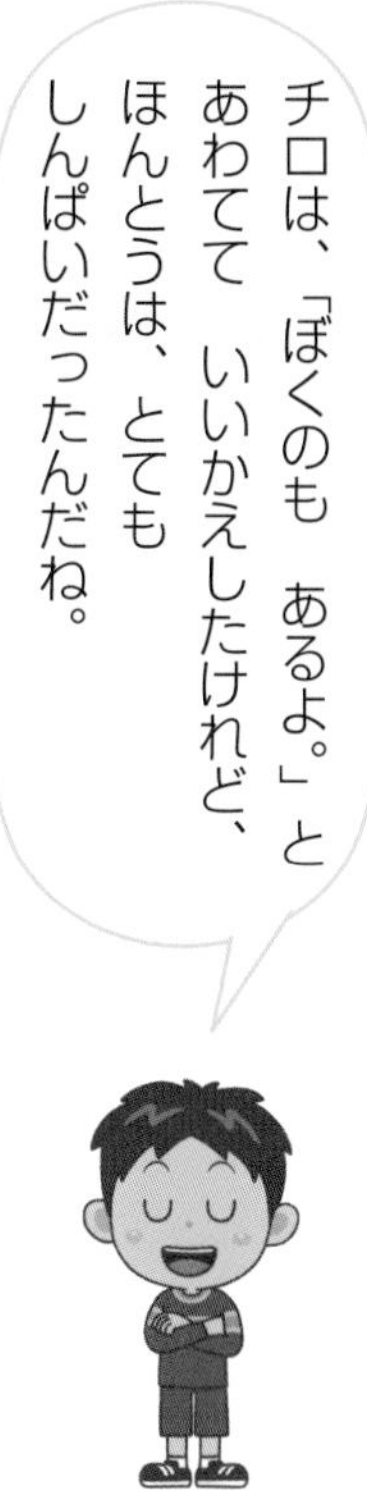
チロは、「ぼくのも　あるよ。」と　あわてて　いいかえしたけれど、ほんとうは、とても　しんぱいだったんだね。

ものしりメモ
チロたちが　出て　くる　おはなしは、ほかにも　たくさん　あるよ。「おとうとねずみ　チロの　はなし」や　「おとうとねずみ　チロは　げんき」なども　よんで　みよう。

まとめのテスト

おとうとねずみ チロ

きょうかしょ ㊦69〜87ページ
こたえ 14ページ

じかん 20ぷん

とくてん　　/100てん

おわったら シールを はろう

べんきょうした日　月　日

文しょうを よんで、こたえましょう。

チロは、大きく 口を あけ、いちばん だいじな ことを いいました。

「ぼくにも チョッキ、あんでね。あんでね。」

チロは、「あんでね。」が きえて しまうまで、じっと 耳を すまして いました。

なん日か たって、おばあちゃんから 小づつみが とどきました。

中には、けいとの チョッキが、三まい 入って いました。

いちばん 大きいのが、赤。つぎが、青。小さいのは、赤と 青の よこじまでした。

「あ、しましまだ。だあいすき。」

チロは、さっそく チョッキを きると、おかの てっぺんの 木へ かけのぼりました。

1 よくでる チロが、大きく 口を あけて いった「いちばん だいじな こと」は、どんな ことですか。〔15てん〕

「ぼくにも （　　　　）」と いう こと。

2 小づつみは、だれから とどきましたか。〔15てん〕

（　　　　）

3 よくでる 小づつみには、なにが 入って いましたか。〔一つ10〔20てん〕〕

（　　　　）が、（　　）まい 入って いた。

ことばのいみ プラス
14ぎょう さっそく…すぐに。　15ぎょう てっぺん…いちばん たかい ところ。
15ぎょう かけのぼる…はしって のぼる。

「おばあちゃあん、ぼくは　チロだよう。しましまの　チョッキ、ありがとう。」
チロは、大ごえで　さけびました。
そして、「ありがとう。」が　きえるのを　まって、もう　一ど、こんどは　ゆっくり　いいました。
「あ、り、が、と、う。」

〈もりやま　みやこ「おとうとねずみ　チロ」に　よる〉

チャレンジ！

4 チロが　もらったのは、どんな　チョッキでしたか。〔15てん〕

（　　　　　　　　）

5 よくでる● 「あ、しましまだ。だあいすき。」と　いった　とき、チロは　どんな　気もちでしたか。〔15てん〕

（一つに　○を　つけましょう。）

ア（　）ほんとうは　ちがう　いろの　チョッキが　ほしかったので、がっかりする　気もち。

イ（　）おばあちゃんが　チロの　すきな　いろを　おぼえて　いたので、びっくりする　気もち。

ウ（　）じぶんの　ほしかった　いろの　チョッキが　とどいて、とても　うれしい　気もち。

6 「あ、り、が、と、う。」と　いう　ことばを、チロは　どんな　ふうに　いったのですか。二つに　○を　つけましょう。一つ10〔20てん〕

ア（　）小さな　こえで　いった。

イ（　）大きな　こえで　いった。

ウ（　）いそいで　いった。

エ（　）ゆっくり　いった。

ものしりメモ　おはなしには、人のように　ことばを　はなしたり　うごいたり　する　どうぶつが　出て　くる　ことが　あるよね。おはなしでは、そんな　どうぶつも　「人ぶつ」と　いうよ。

きほんのワーク

みみずの たいそう
むかしばなしを たのしもう

きょうかしょ 下88～93／146～153ページ

こたえ 15ページ

べんきょうした日 月 日

もくひょう
●しから ようすを そうぞうしよう。
●だれが どんな ことを するかに ちゅういして、おはなしを よもう。

おわったら シールを はろう

かん字れんしゅうノート24ページ

1 かん字の よみ よみがなを かきましょう。

○あたらしい かん字
●よみかえの かん字
◆とくべつな よみかた

① ももから 生まれる《（　　まれる）》。

2 しを よんで、こたえましょう。

みみずの たいそう

かんざわ としこ

つちの なかから とびだして
みみずの たいそう
ぴん ぴこ ぴん
もつれて のびて
もつれて のびて
そら げんきよく
ぴん ぴこ ぴん
あさの くうきを

1 こえに 出して、しを よみましょう。

よめたら いろを ぬりましょう。

2 「もつれて のびて」を くりかえす ようすを、どのような ことばで あらわして いますか。

みみずの □□□□

3 よくでる 「ぴん ぴこ ぴん」は、どんな ようすですか。（一つに ○を つけましょう。）

二つ目の 「ぴん ぴこ ぴん」の まえを よんで みよう。

ア（　）ゆっくり 休んで いる ようす。
イ（　）げんきよく はねて いる ようす。
ウ（　）たのしく うたって いる ようす。

いっぱい　すって
みみずの　たいそう
ぴん　ぴこ　ぴん
はりきり　はじけて
はねすぎて
ちきゅうの　そとへ
ぴん　ぴこ
ぴいん

4 はりきって　はねすぎると　どう　なるのですか。

ぴん　ぴこ　（　　　　）と　ちきゅうの
（　　　　）へ　とび出して　しまう。

そとに　出た　みみずが
とても　げんきに　たいそうして
いるんだね。

3 文しょうを　よんで、こたえましょう。

「そうれ、花　さけ、もっと　さけ。」
じいさまが、はいを　どんどん　まくと、
花も　どんどん　さいて　いく。
あっと　いうまに、あたり　一めん、花ざかり。
そこへ、とのさまの　ぎょうれつが
とおりかかった。
「はいを　まいて　花を　さかせたのは、
その　ほうか。あっぱれ、日本一《にっぽんいち》の
花さかじい。ほうびを　とらす。」

〈いしざき ひろし「花さかじいさん」に　よる〉

1 じいさまが　はいを　どんどん　まくと、どう　なりましたか。

ア（　）花が　どんどん　かれて　いった。
イ（　）花が　どんどん　さいて　いった。
ウ（　）はいが　どんどん　つもって　いった。

2 よくでる　はいを　まいて　花を　さかせた　じいさまを　見て、とのさまは　じいさまの　ことを　なんと　いいましたか。

「あっぱれ、（　　　　）。」

ものしりメモ
むかしばなしには、「ももたろう」や　「うらしまたろう」、「さるかにがっせん」、「したきりすずめ」など、いろいろ　あるね。たくさん　よんで　みよう。

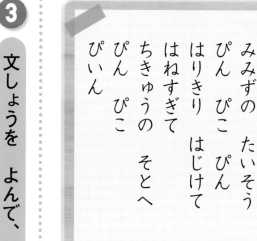

きょうかしょ
下94～102ページ
こたえ
15ページ

きほんのワーク

おはなしを かこう
かたかなの かたち／かん字を つかおう2

もくひょう
●人ぶつを かんがえて おはなしを かこう。
●かたちに 気を つけて、かたかなを ただしく かこう。

おわったら シールを はろう

かん字れんしゅうノート24ページ

あたらしい かん字

きょうかしょ 97ページ

村《むら》

◀れんしゅうしましょう。

ひつじゅん 1 2 3 4 5

一 十 才 木 木 村 村

7かく

1 かん字の よみ　よみがなを かきましょう。

① すもうの 大（　　）かい。

② 村（　　）の おまつり。

○あたらしい かん字
●よみかえの かん字
◆とくべつな よみかた

「大きい」「大よろこび」と いう よみかたは ならったね。こんどは べつの よみかただよ。

2 かん字の かき　かん字を かきましょう。

① 小さな □《むら》。

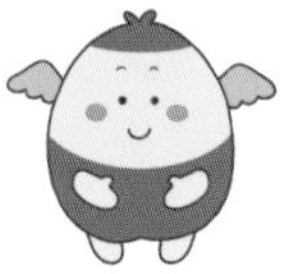

3 これまでに ならった かん字を かきましょう。

① □《さん》だいの じてん □《しゃ》。

② □《むっ》つの なし。

③ □《うえ》と □《した》。

④ □《あお》い □《め》の にんぎょう。

⑤ うさぎの □《みみ》は ながい。

⑥ □《くち》の □《なか》を のぞく。

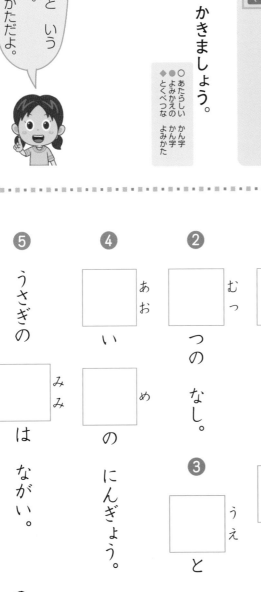

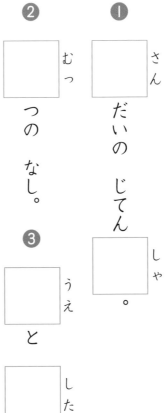

4 おはなしを　かんがえる　ときに　ちゅういする　ことは　なんですか。二つに　○を　つけましょう。

ア（　）おはなしに　出て　くる　人ぶつが、どんな　人ぶつか　かんがえる。

イ（　）できるだけ　たくさんの　人ぶつを　おはなしに　入れる。

ウ（　）人ぶつが　どんな　ことを　するのか　かんがえて　かく。

エ（　）どんな　人ぶつかは　きめずに、おはなしを　かく。

5 ともだちと　おはなしを　よみあった　あと、どんな　ことを　つたえあえば　よいですか。

（二つに　○を　つけましょう。）

ア（　）おはなしの　きらいな　ところや　にがてな　ところ。

イ（　）おはなしの　すきな　ところや　たのしかった　ところ。

ウ（　）おはなしを　かいた　字が　きれいか　きたないか。

6 つぎの　ひらがなを、かたかなで　かきましょう。

かもめ

7 えを　見て、名まえを　かたかなで　かきましょう。

①
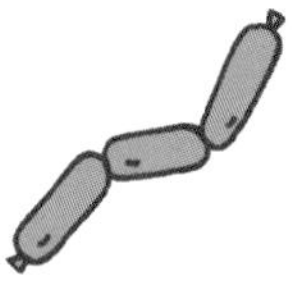

②

③

④

⑤

ものしりメモ
おはなしに　出て　くる　人ぶつの　ことを　「とうじょう人ぶつ」と　いうよ。
その　中で　おはなしの　ちゅうしんに　なる　人を　「しゅじんこう」と　いうよ。

きほんの ワーク

子どもを　まもる　どうぶつたち
ことばを　あつめよう

きょうかしょ　㊦103～115ページ
こたえ　15ページ

べんきょうした日　月　日

もくひょう
●どうぶつたちが、どうやって　子どもを　まもるのかを　しろう。
●二つの　ものごとを　くらべながら　よもう。

おわったら　シールを　はろう

かん字れんしゅうノート24ページ

あたらしい　かん字

◀れんしゅうしましょう。

きょうかしょ 108ページ

早《はやい》　はやまる　はやめる　6かく
ひつじゅん　早

108
足《あし》　7かく
ひつじゅん　足

○あたらしい　かん字
◆●よみかえの　かん字
　とくべつな　よみかた

1　かん字の　よみ　よみがなを　かきましょう。

① 早足で　とおざかる。（　　）
② 子そんを　のこす。（　　）

2　かん字の　かき　かん字を　かきましょう。

① □□《はや　あし》で　あるく。

早

4　ことばの　いみ　――の　いみに　あう　ほうに、○を　つけましょう。

① 104 さまざまな　てきが　いる。
ア（　）かぞえきれない。
イ（　）いろいろな。

② 104 きけんが　いっぱい。
ア（　）かなしい　こと。
イ（　）あぶない　こと。

③ 104 ちえを　つかい、子どもを　まもる。
ア（　）よく　かんがえて。
イ（　）おしえて　もらって。

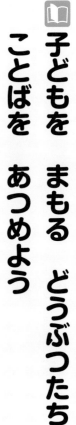

3 あう ことばを えらびましょう。（二つに ○を つけましょう。）

1 あまい ｛ア（ ）つくえ　イ（ ）いちご　ウ（ ）ジュース｝を ぱくぱく たべる。

2 ながい かいだんを いそいで ｛ア（ ）なげる。　イ（ ）すわる。　ウ（ ）のぼる。｝

ないようを つかもう！

☆ 子どもを まもる どうぶつたち この 文しょうに 出て くる どうぶつは、どれですか。二つに ○を つけましょう。

きょうかしょ 104～109ページ

ア □

イ □

ウ □

エ □

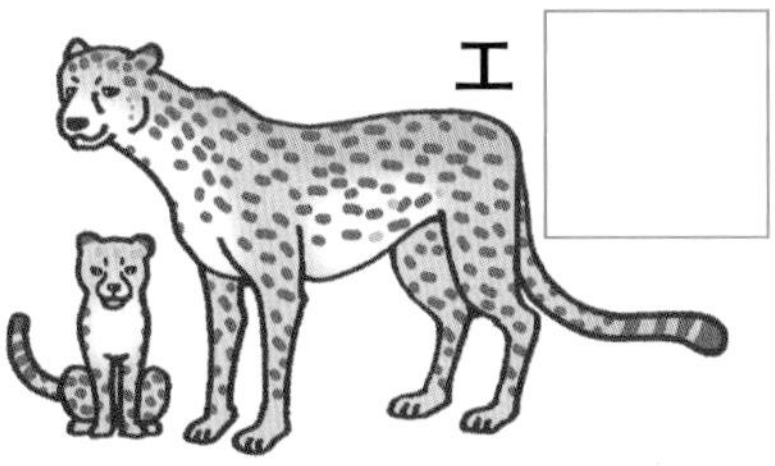

---

4 105 子どもを くわえて はこぶ。

ア（ ）口に はさんで。

イ（ ）口を とじて。

5 107 ひらけた ばしょで そだてる。

ア（ ）ひろい ばしょ。

イ（ ）とおくの ばしょ。

6 107 その ため、ひなが 見える。

ア（ ）でも

イ（ ）だから

7 108 よろよろと あるく。

ア（ ）たおれそうな ようすで。

イ（ ）しっかりした ようすで。

8 109 いのちを つないで いる。

ア（ ）きれないように して。

イ（ ）しばりつけて。

ものしりメモ　どうぶつの 口は、それぞれの どうぶつの たべる ものに あわせた かたちや しくみに なって いるよ。

れんしゅうのワーク

子どもを　まもる　どうぶつたち

きょうかしょ　㊦103～115ページ
こたえ　16ページ

べんきょうした日　月　日

わかるナビ
●オオアリクイが　子どもを　まもる　ほうほうや　ようすを　よみとろう。

おわったら　シールを　はろう

✿ 文しょうを　よんで、こたえましょう。

ライオンなど、にくを　たべる　どうぶつが、子どもを　きけんから　とおざける　ときには、ふつう　くわえたり　かかえたり　して、はこびます。しかし、オオアリクイの　口は　ほそながいので、子どもを　くわえて　はこぶ　ことが　できません。

そこで、オオアリクイの　おやは、ちえを　つかいます。オオアリクイの　おやは、子どもを　せなかに　のせて　はこびます。

おやの　からだの　もようと、子どもの　からだの　もようが

1　ライオンは　どんな　どうぶつですか。

（　　　　　　　　）どうぶつ。

2　にくを　たべる　どうぶつは、ふつう　子どもを　どのように　して　はこびますか。

ふつう（　　　　　　　　）して、はこびます。

3　オオアリクイの　口は、どんな　かたちを　して　いますか。（一つに　○を　つけましょう。）

ア（　）ひらべったい　かたち。
イ（　）ほそながい　かたち。

オオアリクイは、子どもを　くわえる
ことが　できないんだね。

ことばのいみプラス
2ぎょう　とおざける…とおくへ　はなす。ちかくに　よせつけない。
4ぎょう　かかえる…かこむように　うでを　まわして　もつ。

つながって　見え、てきから
子どもが　目立たなく　なるのです。

〈なるしま　えつお「子どもを　まもる　どうぶつたち」に　よる〉

4 よくでる● オオアリクイの　おやは、子どもを
どのように　して　はこびますか。

口を　つかわない　ほうほうで　はこんで　いるね。

子どもを（　　　　）
はこびます。

5 オオアリクイが　子どもを　せなかに　のせて
はこぶのは　なぜですか。

おやの　からだの（　　　　）と、
子どもの（　　　　）の　もようが
（　　　　）見え、てきから　子どもが
（　　　　）なるから。

ものしりメモ　オオアリクイの　口には、は が　まったく　ないよ。その　かわりに、とっても
ながい　したを　つかって、アリや　シロアリを　たべるんだ。

まとめのテスト

子どもを　まもる　どうぶつたち
ことばを　あつめよう

きょうかしょ　下103〜115ページ
こたえ　16ページ
べんきょうした日　月　日

じかん　20ぷん

とくてん　/100てん

おわったら　シールを　はろう

1 文しょうを　よんで、こたえましょう。

コチドリは、子そだてを　する　すを、じゃりの　じめんに　つくります。その　ため、ひなが　てきから　よく　見えて　しまいます。とりは、ひなを　くわえて　はこぶ　ことが　できません。

そこで、コチドリの　おやは、ちえを　つかいます。コチドリの　おやは、てきを　見つけると、早足で、すから　とおざかります。そして、なきごえを　上げ、はねを　バサバサと　はばたかせます。さらに、はねを　ひきずりながら　よろよろと　あるいて、すから　とおく　はなれます。

コチドリの　おやは、じぶんが　けがを　して　いると　てきに　見せかけて、てきの　ちゅういを　ひなから　そらすのです。

3 よくでる　コチドリの　おやは、てきを　見つけると、どう　しますか。　一つ10〔30てん〕

① 早足で、（　　　　　　　　）。

② （　　　　　　　　）を　上げ、はねを　バサバサと　はばたかせる。

③ はねを　（　　　　　　　　）　よろよろと　あるいて、すから　とおく　はなれる。

4 よくでる　コチドリの　おやは、どのように　して、てきから　ひなを　まもって　いますか。　一つ15〔30てん〕

じぶんが　（　　　　　　　　）と　てきに　見せかけて、てきの　ちゅういを

ことばの　いみ　プラス
10ぎょう　はばたく…とりが　つばさを　ひろげて　うごかす。
11ぎょう　ひきずる…じめんを　すって　ひいて　いく。

〈なるしま えつお「子どもを まもる どうぶつたち」に よる〉

1 コチドリは どこに すを つくりますか。〔10てん〕

（　　　　　　　　）の じめん。

チャレンジ!

2 コチドリの すは、なぜ てきから ひなが よく 見えて しまうのですか。〔10てん〕

（一つに ○を つけましょう。）

ア（　）たかい いわの 上に あるから。

イ（　）すを かくす ものが あたりに なにも ないから。

ウ（　）てきの すが、すぐ ちかくに たくさん あるから。

（　　　　　　　　）。

2 ことばを つなげて、文を つくりましょう。

①	②	③	④
あまい	けいと	しずかに	たたく
赤い	さかな	こそこそ	まるめる
白い	だいこん	ゆっくり	ひっぱる
大きい	とびら	せかせか	たべる

①〜④から ことばを 一つずつ えらんで、文を 二つ つくりましょう。 ぜんぶ できて10〔20てん〕

①（　　　）・②（　　　）を ③（　　　）④（　　　）。

①（　　　）・②（　　　）を ③（　　　）④（　　　）。

ものしりメモ　コチドリの なかまに 見られる、子どもを まもる ために きずついた ふりを する こうどうを 「ぎしょう」と いうよ。

きほんのワーク

小学校の ことを しょうかいしよう かん字を つかおう3

きょうかしょ 下116～120ページ

こたえ 16ページ

べんきょうした日 月 日

もくひょう
●小学校に ついて、一年かんの できごとの じゅんに しょうかいしよう。

おわったら シールを はろう

かん字れんしゅうノート25～26ページ

あたらしい かん字

▼れんしゅうしましょう。

ひつじゅん 1 2 3 4 5

きょうかしょ 120ページ

右《みぎ》 120	5かく	ノ ナ 右 右 右
左《ひだり》 120	5かく	一 ナ 左 左 左
田《た》 120	5かく	丨 冂 日 田 田
千《せん》 120	3かく	ノ 二 千
百《ひゃく》 120	6かく	一 ア 百 百 百 百
円《えん》 120	4かく	丨 冂 円 円

1 かん字の よみ　よみがなを かきましょう。

○あたらしい かん字
●よみかえの かん字
◆とくべつな よみかた

① 小学校へ 入学する。

② はるの えん足。

③ はく手を する。

④ 右と 左。

⑤ ひろい 田んぼ。

⑥ 二千四百円 はらう。

2 かん字の かき　かん字を かきましょう。

① □《みぎ》と □《ひだり》を 見る。

3 これまでに ならった かん字を かきましょう。

① □《やま》の ふもとの □《ご》本の □《き》。

4 かわのさんが　もうすぐ　入学する　あたらしい　一年生に、小学校の　ことを　しょうかいして　います。よんで、こたえましょう。

はるは、えん足で　どうぶつえんに　いきます。みんなと　おべんとうを　たべると、おいしいです。

なつは、プールに　入ります。小学校の　プールは　大きいので、おもいきり　およぐ　ことが　できます。

あきは、音がくかいで、けんばんハーモニカを　えんそうします。みんなが　はく手を　して　くれるので、うれしく　なります。

---

1 かわのさんは、小学校の　どんな　ことを　しょうかいして　いますか。きせつに　あわせて　かきましょう。

はる　えん足で（　　　　）に　いきます。

なつ　（　　　　）に　入ります。

あき　（　　　　）で、けんばんハーモニカを　えんそうします。

2 かわのさんの　小学校の　しょうかいで、よい　ところを　一つ　えらんで、○を　つけましょう。

ア（　）かわのさんが　たのしかったと　おもう　ことから、じゅんばんに　はなして　いる。

イ（　）いつの　できごとか　わかるように、じゅんばんに　はなして　いる。

ウ（　）だれが　なにを　したか、こまかく　はなして　いる。

どの　きせつに　なにを　やったのか　わかりやすく　はなして　いるね。

ものしりメモ　小学校には、きせつごとに　いろいろな　ぎょうじが　あるね。これまで　なにを　して　きたか、じゅんばんに　おもい出して　みよう。

すきな ところを つたえよう

きほんのワーク

スイミー

きょうかしょ 下 121～137ページ

こたえ 17ページ

べんきょうした日 月 日

もくひょう
●スイミーが どんな ときに どんな ことを したのか よみとろう。

おわったら シールを はろう

かん字れんしゅうノート26ページ

あたらしい かん字

◀れんしゅうしましょう。

きょうかしょ 122ページ

128 貝《かい》 7かく

128 糸《いと》 6かく

128 林《はやし》 8かく

ひつじゅん 1 2 3 4 5

○あたらしい かん字
●よみかえの かん字
◆とくべつな よみかた

1 かん字の よみ　よみがなを かきましょう。

①（　　）貝がらを あつめる。

②（　　）一口で のみこむ。

③（　　）水中を のぞく。

④（　　）糸で ひっぱる。

⑤ くさが（　　）生える。

⑥（　　）林に すむ。

「木」が 二つ ならぶと、「林」と いう かん字に なるんだね。

3 かたかな　つぎの ひらがなを、かたかなで かきましょう。

① ぜりー

② ぶるどーざー

4 ことばの つかいかた　にた ものに たとえた 文に なるように、□から えらんで かきましょう。

①（　　）のような あめが ふる。

2 かん字の かき　かん字を かきましょう。

① □《かい》がらを ひろう。

② □《すい》□《ちゅう》めがね

③ ながい □《いと》。

④ □《はやし》の 中。

ないようを つかもう！

★スイミー　おはなしの じゅんに なるように、（　）に 2、3、4の ばんごうを かきましょう。

きょうかしょ 122〜133ページ

（1）スイミーは、ひろい うみで、きょうだいたちと くらして いた。

（　）まぐろが きょうだいたちを のみこんで しまい、スイミーは 一ぴきだけに なった。

（　）小さな 赤い さかなたちを 見つけた スイミーは、大きな さかなに たべられない ほうほうを かんがえた。

（　）うみの 中の いろいろな ものを 見て、スイミーは げん気を とりもどした。

（5）みんなで、うみで いちばん 大きな さかなみたいに およいで、大きな さかなを おい出した。

---

② （　　）みたいな ゆきが つもる。

③ （　　）のような まるい 月。

④ （　　）みたいな プールで あそぶ。

おぼん	うみ	なす
わたあめ	えんぴつ	たき

「――のような」「――みたいな」と いう ことばを つかうと、ものの ようすが つたわりやすく なるよ。

ものしりメモ　えほんの 「スイミー」は、だい名に 「ちいさな かしこい さかなの はなし」と あるよ。よい ほうほうを かんがえついた スイミーは、かしこい さかなだね。

れんしゅうのワーク スイミー

きょうかしょ ㊦121～137ページ

こたえ 17ページ

わかるナビ
●どんな できごとが おきて、スイミーが どんな 気もちに なったのかを よみとろう。

べんきょうした日 月 日

おわったら シールを はろう

文しょうを よんで、こたえましょう。

ある 日、おそろしい まぐろが、おなかを すかせて、すごい はやさで ミサイルみたいに つっこんで きた。

一口で、まぐろは、小さな 赤い さかなたちを、一ぴき のこらず のみこんだ。にげたのは スイミーだけ。

スイミーは およいだ、くらい うみの そこを。

こわかった。さびしかった。とても かなしかった。

けれど、うみには、すばらしい ものが

2 まぐろが つっこんで きた あと、スイミーたちは、どう なりましたか。

小さな 赤い さかなたちは、みんな まぐろに のみこまれ、スイミーだけ（　　　　）。

3 くらい うみの そこを およいで いた スイミーは、どんな 気もちでしたか。

❶ まぐろが、また やって くるかも しれないと おもって、

スイミーの 気もちと、その わけを かんがえよう。

[　　　　　　]。

❷ ひとりぼっちに なって しまって、

[　　　　　　]。

ことばの いみ プラス

2ぎょう おそろしい…こわい。

8ぎょう のこらず…のこさないで。

いっぱい　あった。おもしろい　ものを
見る　たびに、スイミーは　だんだん
げん気を　とりもどした。
にじいろの　ゼリーのような　くらげ。
水中ブルドーザーみたいな　いせえび。
見た　ことも　ない　さかなたち。

〈レオ・レオニ　文　たにかわ　しゅんたろう　やく「スイミー」に　よる〉

20

1　「ミサイルみたいに」と　いう　ことばから、まぐろの　どんな　ようすが　わかりますか。
（一つに　○を　つけましょう。）

ア（　　）ぐるぐる　まわりながら、すこしずつ　ちかづいて　くる　ようす。

イ（　　）もっと　大きく　見せようと、からだを　ふくらませて　いる　ようす。

ウ（　　）スイミーたちに　むかって、まっすぐ　おそいかかって　くる　ようす。

---

③　小さな　赤い　さかなたちが　いなく　なって、□□□□□□。

4　スイミーは、うみで　すばらしい　ものや、おもしろい　ものを　見て、どう　なりましたか。

だんだん（　　　　　　　　）。

5　よくでる●　スイミーが　うみで　見た、①・②の　ものは、なにに　たとえられて　いますか。

①　くらげ（　　　　　　　　）

②　いせえび（　　　　　　　　）

「○○みたいな　△△」と　あったら、「○○」の　ほうを　こたえるんだよ。

ものしりメモ　まぐろは、口を　すこし　あけて　およいで、水と　いっしょに　さんそを　とりこんで　いるんだ。だから、いきを　する　ためには、およぎつづけなければ　ならないんだって。

まとめのテスト

スイミー

きょうかしょ ㊦121～137ページ
こたえ 18ページ
じかん 20ぷん
とくてん /100てん
おわったら シールを はろう
べんきょうした日 月 日

文しょうを よんで、こたえましょう。

スイミーは いった。

「出て こいよ。みんなで あそぼう。おもしろい ものが いっぱいだよ。」

小さな 赤い さかなたちは こたえた。

「だめだよ。大きな さかなに、たべられて しまうよ。」

「だけど、いつまでも そこに じっとして いる わけには いかないよ。なんとか かんがえなくちゃ。」

スイミーは かんがえた。いろいろ かんがえた。うんと かんがえた。

それから、とつぜん スイミーは さけんだ。

「そうだ。みんな いっしょに およぐんだ。うみで いちばん 大きな さかなの ふりを して。」

チャレンジ！ **2** 「スイミーは かんがえた。」に ついて こたえましょう。

(1) スイミーは なにに ついて かんがえたのですか。（一つに ○を つけましょう。）〔10てん〕

ア（ ）大きな さかなに たべられないで、うみの 中を およぐ ほうほう。

イ（ ）そとに 出ないで、みんなと たのしく あそぶ ほうほう。

ウ（ ）大きな さかなより はやく およいで、とおくまで にげる ほうほう。

(2) スイミーが、いっしょうけんめい かんがえて いた ようすが よく わかる ことばを、二つ かきましょう。 一つ5〔10てん〕

●（ ）かんがえた。

●（ ）かんがえた。

ことばの いみ プラス
17ぎょう はなればなれ…ばらばらに わかれる こと。
18ぎょう もちば…じぶんが うけもって いる ばしょ。

スイミーは　おしえた。
けっして　はなればなれに　ならない　こと。
みんな　もちばを　まもる　こと。
みんなが、一ぴきの　大きな　さかなみたいに
およげるように　なった　とき、
スイミーは　いった。
「ぼくが、目に　なろう。」
〈レオ・レオニ 文　たにかわ しゅんたろう やく「スイミー」に　よる〉

1　小さな　赤い　さかなたちが　出て　こないのは　なぜですか。〔10てん〕
大きな　さかなに、
（　　　　）ことが
こわいから。

3　よくでる　スイミーは、どんな　ことを　かんがえつきましたか。〔一つ15〔30てん〕〕
うみで　いちばん　（　　　　）の
ふりを　して、みんな　（　　　　）に
およぐ　こと。

4　よくでる　スイミーは、みんなに　どんな　ことを　おしえましたか。二つ　かきましょう。〔一つ15〔30てん〕〕
（　　　　）
（　　　　）

5　みんなが　いっしょに　およげるように　なった　とき、スイミーが　いった　ことばを　かきましょう。〔10てん〕
「（　　　　）」

ものしりメモ
「スイミー」を　かいたのは、レオ・レオニと　いう　オランダ生まれの　えほんさっかだよ。ほかに、「フレデリック」と　いう　おはなしも　ゆうめいだよ。

きほんのワーク

かたちの にて いる かん字

一年かんの おもいでブック／かん字を つかおう4

きょうかしょ 下138〜144ページ

こたえ 18ページ

べんきょうした日 月 日

もくひょう
- かたちの にて いる かん字を 正しく かこう。
- いちばん こころに のこって いる ことに ついて かこう。

かん字れんしゅうノート27〜28ページ

おわったら シールを はろう

あたらしい かん字

◀れんしゅうしましょう。

きょうかしょ 138ページ

138 石《いし》 5かく	138 玉《たま》 5かく	138 王《おう》 4かく	139 正《ただしい・ただす》 5かく
139 雨《あめ》 8かく	142 草《くさ》 9かく	144 森《もり》 12かく	144 天《てん》 4かく
144 竹《たけ》 6かく	144 虫《むし》 6かく	144 夕《ゆう》 3かく	144 空《そら》 8かく

ひつじゅん 1 2 3 4 5

1 かん字の よみ

よみがなを かきましょう。

○あたらしい かん字　●よみかえの かん字　◆とくべつな よみかた

① 三●人で あそぶ。（　）

② ○雨が ふる。（　）

③ ○草むらの ○虫。（　）（　）

④ ○夕やけの ○空。（　）（　）

2 かん字の かき　かん字を かきましょう。

① □《ただ》しい 字。

② □《もり》の 中。

③ よい □□《てんき》。

④ □《たけ》とんぼ

3 かたちの にて いる かん字に ちゅういして かきましょう。

① □《おう》さまが □《たま》のりを する。

② □《みぎ》がわの □《いし》を とる。

③ □《しろ》い かみを □《ひゃく》まい つかう。

4 つぎの 文には、かん字の まちがいが 一つずつ あります。れいのように、まちがった かん字に ×を つけて、□に 正しい かん字を かきましょう。

れい 犬《いぬ》と すぎ村《ばやし》を さんぽする。　林

① 上《つち》の 中《なか》に 虫《むし》が いる。　□

② 青《あお》く はれた 空《そら》を 見《み》る。　□

③ きょうは 字校《がっこう》が 休《やす》みだ。　□

④ さいふに お金《かね》が 人《はい》って いる。　□

⑤ 本《き》の 下《した》で 十円《じゅうえん》を ひろう。　□

⑥ 月《げつ》よう目《び》に やくそくする。　□

文の いみを よく かんがえて みよう。

ものしりメモ　かたちが にて いる かん字は、ほかに、「早」と「草」など、たくさん あるよ。また、「小《こ》」と「子《こ》」など、おなじ よみかたの かん字にも 気を つけよう。

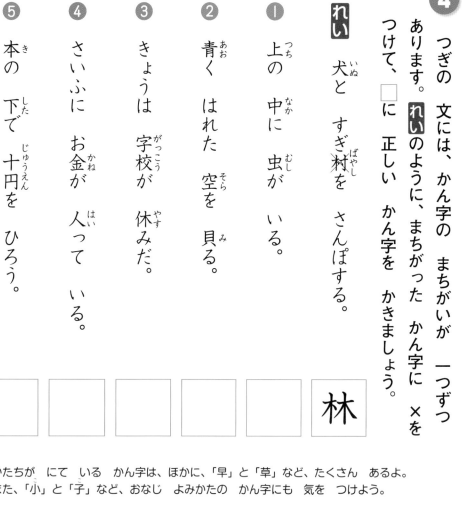

ふろく

まとめのテスト

花《はな》さかじいさん

きょうかしょ ㊦146～153ページ

こたえ 19ページ

じかん 15ふん

とくてん　/100てん

おわったら シールを はろう

べんきょうした日　月　日

文《ぶん》しょうを よんで、こたえましょう。

とのさまは、じいさまと ばあさまに、大《おお》ばん 小《こ》ばんを、たくさん くれた。

それを 見《み》て いた、なまけものの じいさまが とび出《だ》した。

「とのさま、わたしも 花《はな》を さかせて ごらんに 入《い》れましょう。」

はたらきものの じいさまの まねを して、ぱあっと はいを まくと、花は さくどころか、かぜに のった はいが、とのさまの 目《め》、はな、口《くち》に 入《はい》って しまった。

「ぺっ、ぺっ、ぺっ、ぺっ。ぶれいものめ。ひっとらえろ。」

なまけものの じいさまは、おともの さむらいに、さんざん たたかれて、ろうやに 入れられて しまったって。

〈いしざき ひろし「花さかじいさん」に よる〉

1 はたらきものの じいさまに、とのさまは なにを くれましたか。〔30てん〕

（　　　　）を たくさん くれた。

2 はたらきものの じいさまの まねを したのは、どんな じいさまでしたか。〔30てん〕

（　　　　）の じいさま。

3 よくでる まねを して はいを まいた じいさまは、どうなりましたか。（一つに ○を つけましょう。）〔40てん〕

ア（　）花が さいて、大ばん 小ばんを もらった。

イ（　）はいが、目に 入って しまった。

ウ（　）さんざん たたかれて、ろうやに 入れられた。

実力《じつりょく》はんていテスト

夏休《なつやす》みの テスト②

じかん 30ぷん

なまえ

とくてん　／100てん

きょうかしょ　㊤見返し～105ページ

こたえ　21ページ

おわったら シールを はろう

●べんきょうした日　月　日

1 ただしい かきかたの ほうに、○を つけましょう。

ひとつ5〔20てん〕

① あ（　）えんぴつ　い（　）えんぴっ

② あ（　）おとおと　い（　）おとうと

③ あ（　）しょっき　い（　）しよつき

④ あ（　）あくしゆ　い（　）あくしゅ

2 えを みて、なまえを かきましょう。

ひとつ5〔30てん〕

① 
か□□

② 
□□し

③ 
□□せ□

④ 
おね□□□

⑤ 
ち□□□

⑥ 
□て□□□

3 □の ことばを つかって、えに あう ぶんを つくりましょう。

ひとつ10〔20てん〕

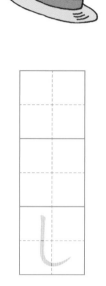

すわる　ころぶ　さかなが
くまが　はねる　いぬが

① 

② 

4 □に あう じを、□から えらんで かきましょう。（おなじ じを なんかいでも つかえます。）

ひとつ2〔14てん〕

① ぼく□、ほん□ かった。

② あに□、へや□ もどる。

③ わたし□、かさ□ もって、こうえん□ いった。

は　お　へ
わ　を　え

5 かきかたの まちがって いる じが、ふたつ あります。×を つけて、よこに ただしく かきましょう。

ひとつ8〔16てん〕

がっこうで てつぼうお した。

実力《じつりょく》はんていテスト

夏休《なつやす》みの テスト①

じかん30ぷん

なまえ

とくてん　/100てん

きょうかしょ　㊤見返《みかえ》し〜105ページ

こたえ　21ページ

●べんきょうした日　月　日

おわったら シールを はろう

★ぶんしょうを よんで、こたえましょう。

むねで　ドクドク《どくどく》　いって　いるのが、しんぞう。しんぞうは、うまれてから　いちども　やすむ　こと　なく　うごきつづけます。

その　うごきの　ことを　「こどう」と　いいます。

しんぞうは、＊ぜんしんに　ちを　おくりだす　ポンプ《ぽんぷ》です。

ちの　なかには、＊さんそや　えいようが　あって　それを　からだじゅうに　おくりだして　いるのです。

〈中川《なかがわ》　ひろたか「こころとしんぞう」による〉

＊ぜんしん＝からだじゅう。

＊さんそ＝くうきの　なかに　ある、いきものに　ひつような　せいぶん。

1　しんぞうは、どこに　ありますか。〔20てん〕

（　　　　）

2　しんぞうは、どのように　うごきますか。（ひとつに　○を　つけましょう。）〔20てん〕

あ（　）うまれてから　いちども　やすまず　うごきつづける。

い（　）ねて　いる　あいだは　やすみながら　うごく。

3　しんぞうの　うごきの　ことを、なんと　いいますか。〔20てん〕

（　　　　）

4　しんぞうは、どんな　はたらきを　して　いますか。〔20てん〕

ぜんしんに（　　　　）を　おくりだす　ポンプの　はたらき。

5　ちの　なかには　なにが　ありますか。ふたつ　かきましょう。ひとつ10〔20てん〕

（　　　　）（　　　　）

冬《ふゆ》休みの テスト①

じかん 30ぷん

なまえ

とくてん　/100てん

きょうかしょ　㊤106～129ページ、㊦5～87ページ

こたえ　22ページ

おわったら シールを はろう

●べんきょうした日　月　日

☆ 文しょうを よんで、こたえましょう。

〔クマの マーくんは、ないて いる あじさいに あいました。〕

「あじさいさん、どうして ないてるの？」

「だって、あたしだけ、みんなと いろが ちがうんだもの。」

すみっこで ＊うなだれて いる その 花は、とても うすい みどりいろ。青あおと いろづいて いる ほかの 花たちとは、たしかに いろが ちがいます。

「あたし、さびしくて、かなしいの。みんなは とっくに 青く なったのに、あたしだけ、みどりの ままなんて。」

「あせらなくても、そのうち、かわれるよ。それに、みんなと いろが ちがったって、きみは きみだし、いいじゃない。」

マーくんの はげましに、みどりの 花は ゆさゆさと、花びらを ゆらして いいました。

「じゃあ、マーくんは じぶんだけ、ほかの クマと いろが ちがっても、へいきなの？」

「えっ。」

〈森絵都《もりえと》「雨がしくしく、ふった日は」による〉

＊うなだれて いる＝下を むいて いる。

1 あじさいは、どうして ないて いるのですか。〔20てん〕

じぶんだけ みんなと（　　　　）から。

2 あじさいと ほかの 花たちは、それぞれ どんな いろですか。〔一つ10〔20てん〕〕

あじさい　うすい（　　　　）いろ。

ほかの 花たち　（　　　　）い いろ。

3 あじさいは、どんな 気もちですか。〔15てん〕

さびしくて、（　　　　）気もち。

4 マーくんは、どのように あじさいを はげましましたか。〔一つ15〔30てん〕〕

そのうち いろが かわるから、（　　　　）ても いいし、みんなと いろが（　　　　）も いい。

5 「えっ。」と いった とき、マーくんは、どんな 気もちでしたか。〔15てん〕

（一つに ○を つけましょう。）

ア（　）あじさいの ことばに おこって いる。

イ（　）あじさいの ことばに おどろいて いる。

ウ（　）あじさいの ことばに よろこんで いる。

実力《じつりょく》はんていテスト

冬《ふゆ》休みの テスト②

じかん30ぷん

なまえ

とくてん　　/100てん

きょうかしょ　上106〜129ページ、下5〜87ページ

こたえ　22ページ

おわったら シールを はろう

●べんきょうした日　　月　　日

1 ―の かん字の よみがなを かきましょう。　一つ3〔24てん〕

① 金よう日の あさ。（　　）

② へやに 入る。（　　）る

③ 学校の 先生。（　　）（　　）

④ 月が 出る。（　　）（　　）る

⑤ 白い じどう車。（　　）い（　　）

2 □に かん字を かきましょう。　一つ3〔30てん〕

① □《あか》い えんぴつ。

② □《ぶん》を かく。

③ 犬が □《みみ》を □《た》てる。

④ ひとりの □《おんな》の □《こ》。

⑤ □《て》で □《つち》を ほる。

⑥ □《ちい》さく □《な》まえを かく。

3 □には かずを あらわす かん字を、○には かぞえかたを、ひらがなで かきましょう。　ぜんぶ できて 一つ6〔18てん〕

① くるまが □○○ ある。

② こどもが □○○ いる。

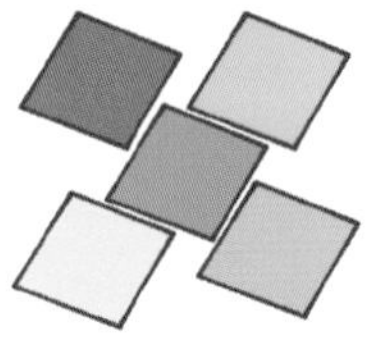

③ かみが □○○ ある。

4 つぎの かたちや しるしから できた かん字を、□に かきましょう。　一つ5〔20てん〕

① 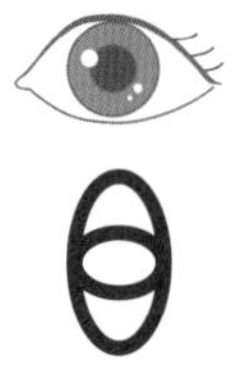 → □

② 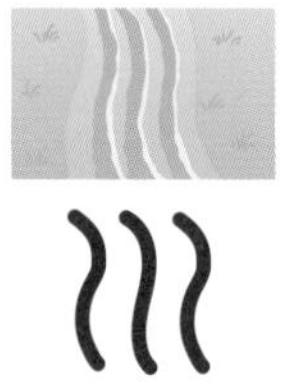 → □

③  → □

④  → □

5 つぎの ものを まとめて、それぞれ なんと よびますか。　一つ4〔8てん〕

① ピアノ・たいこ・ふえ（　　）

② なす・ごぼう・にんじん（　　）

実力《じつりょく》はんていテスト

学年まつの テスト②

じかん 30ぷん

きょうかしょ ㊤見返《みかえ》し〜129ページ、㊦5〜144ページ

こたえ 23ページ

なまえ

とくてん　　　/100てん

おわったら シールを はろう

1 ―の かん字の よみがなを かきましょう。　一つ3〔24てん〕

① （　　）貝がらを ひろう。

② しせいを （　　）正す。

③ （　　）林で （　　）虫とりを する。

④ （　　）左と （　　）右を 見る。

⑤ （　　い）青い （　　）糸。

2 □に かん字を かきましょう。　一つ3〔30てん〕

① □《ひゃく》さつの 本。

② □《あめ》が ふる。

③ □《せん》□《えん》を はらう。

④ □《もり》の 中の □《むら》。

⑤ □《た》んぼの □《いし》を よける。

⑥ □《ゆう》やけの □《そら》。

3 つぎの ことばの まちがいを なおして、正しく かたかなで かきましょう。　一つ4〔12てん〕

① 
マイロン（　　）

② 
ツャワー（　　）

③ 
オルガソ（　　）

4 かたちの にた 字に 気を つけて、□に かん字を かきましょう。　一つ4〔16てん〕

① あさ □《はや》く おきる。
□《くさ》むしりを する。

② □《おう》さまの いす。
□《たま》入れを する。

5 ―の かん字の よみがなを かきましょう。　一つ3〔18てん〕

①
（　　）人ぶつ。
女の （　　）人。
三（　　）人 かぞく。

②
（　　まれる）生まれる。
（　　きる）生きる。
（　　える）生える。

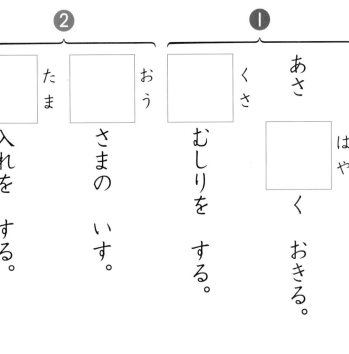

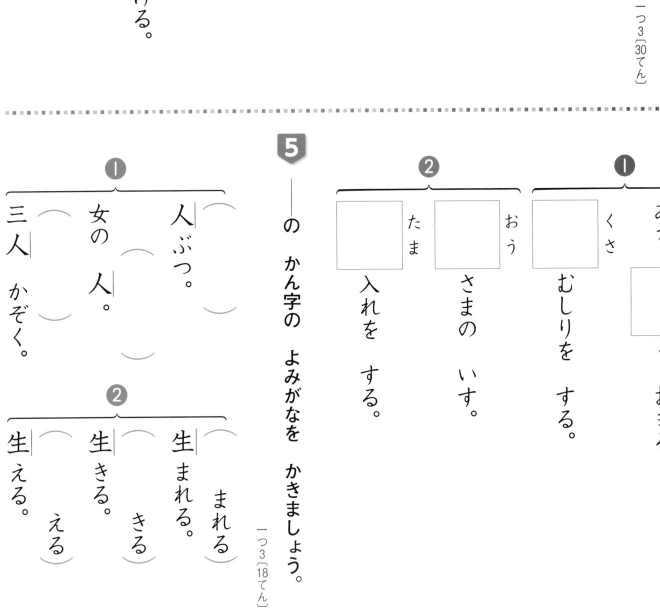

実力《じつりょく》はんていテスト

学年まつの テスト①

●べんきょうした日　月　日

きょうかしょ　上見返《みかえ》し～129ページ、下5～144ページ

こたえ　23ページ

じかん 30ぷん

なまえ

とくてん　/100てん

おわったら シールを はろう

★ 文しょうを よんで、こたえましょう。

〔かぶとむしは、じゅえき（木から 出る しる）を えさに して います。〕

じゅえきに あつまる 虫の 中でも いちばん 力が つよいのは、かぶとむしの おすです。

からだも いちばん 大きく りっぱな つのを もって いるので、ほかの 虫は かないません。ながくて 大きな あごを もった くわがたの おすも かぶとむしに おしのけられたり はねとばされて しまいます。

でも、力の つよい ものだけが いつも よい ばしょで じゅえきを のんで いるとは かぎりません。かぶとむしの おすでも おなかが いっぱいの ときには、すずめばちや かなぶんに おいはらわれる ことも あります。

かぶとむしが かつどうするのは、おもに よるです。ひるまは しずかに じゅえきを なめて いるか 土の 中に もぐって います。

〈得田《とくだ》 之久《ゆきひさ》「新版 かぶとむし」（福音館書店刊）による〉

1 じゅえきに あつまる 虫の 中で、いちばん 力が つよいのは、なんですか。〔20てん〕

（　　　　）

2 ほかの 虫が かぶとむしの おすに かなわないのは、なぜですか。〔15てん〕

（一つに ○を つけましょう。）

ア（　）かぶとむしの からだが 大きく、りっぱな つのが あるから。

イ（　）かぶとむしは、ながくて 大きな あごを もって いるから。

3 かぶとむしが おいはらわれるのは、どんな ときですか。〔20てん〕

（　　　　）の とき。

4 かぶとむしは、おもに いつ かつどうしますか。〔15てん〕

（　　　　）

5 かぶとむしは、ひるまは なにを して いますか。二つ かきましょう。一つ15〔30てん〕

（　　　　）

（　　　　）

実力《じつりょく》はんていテスト

1ねんせいの かんじ 80じを かこう!

かんじリレー①

じかん 30ぷん

なまえ

こたえ 24ページ

おわったら シールを はろう

●べんきょうした ひ　がつ　にち

□に かんじを かきましょう。

❶ [1]□《ふた》つに わける。

❷ [2]□《し》がつに なる。

❸ [3]□《なな》さいに なる。

❹ [4]□《きゅう》だいの くるま。

❺ みかんが [5]□《みっ》つ。

❻ [6]□《はち》[7]□《がつ》に なる。

❼ [8]□《ろく》さつの [9]□《ほん》。

❽ [10]□《いっ》つの [11]□《かい》がら。

❾ [12]□《じゅう》まいの おりがみ。

❿ [13]□《た》うえを する。

⓫ おいしい [14]□《みず》。

⓬ [15]□《たけ》を きる。

⓭ [16]□《やま》と [17]□《かわ》。

⓮ [18]□《うえ》を みあげる。

⓯ [19]□《き》の [20]□《した》に たつ。

▶かけた じの かずを かこう。

□じ/20じ クリア!

⓰ [21]□《ひ》を けす。

⓱ [22]□《つち》を ほる。

⓲ [23]□《きん》ようの [24]□《び》の よる。

⓳ [25]□《め》を とじる。

⓴ うさぎの [26]□《みみ》。

㉑ [27]□《くち》を ゆすぐ。

㉒ [28]□《て》を ふる。

㉓ [29]□《あし》が はやい。

㉔ [30]□《むし》を みつける。

㉕ [31]□《な》まえを よぶ。

㉖ [32]□《ただ》しい しせい。

㉗ [33]□《ちい》さい [34]□《むら》。

㉘ [35]□《おお》きい [36]□《じ》で かく。

㉙ [37]□《はやし》の [38]□《なか》。

㉚ [39]□《もり》で [40]□《やす》む。

□じ/20じ クリア!

実力《じつりょく》はんていテスト

1ねんせいの かんじ 80じを かこう！

かんじリレー②

じかん30ぷん

なまえ

かけた かず ぜんぶで /80じ

おわったら シールを はろう

こたえ 24ページ

●べんきょうした ひ　がつ　にち

□に かんじを かきましょう。

㉛ □《ひゃく》ねんが たつ。

㉜ □《せん》□《えん》を はらう。

㉝ □《しろ》い シャツ。

㉞ □《あお》い えのぐ。

㉟ □《あか》い □《はな》が さく。

㊱ □《き》もちを かんがえる。

㊲ □《いと》を むすぶ。

㊳ へやに □《はい》る。

㊴ □《おう》さまの いす。

㊵ □《ぶん》しょうを よむ。

㊶ □《てん》じょうを みあげる。

㊷ □《おんな》の □《こ》が あそぶ。

㊸ □《おとこ》の ひと。

㊹ □《がっ》□《こう》に いく。

㊺ □《くるま》に □《ひと》を のせる。

▶かけた じの かずを かこう。

□じ/20じ クリア！

㊻ おきるのが □《はや》い。

㊼ □《たま》いれを する。

㊽ □《いぬ》を かう。

㊾ □《くさ》が はえる。

㊿ □《おと》を きく。

51 □《いし》を ひろう。

52 □《ちから》を あわせる。

53 まえに □《た》つ。

54 □《ゆう》がたの □《そら》。

55 □《まち》に □《あめ》が ふる。

56 □《せん》しゅう たびに □《で》た。

57 □《ひだり》と □《みぎ》を □《み》る。

58 □《いち》□《ねん》□《せい》の おもいで。

□じ/20じ クリア！

もじを かこう

8・9ページ きほんのワーク

❶ （しょうりゃく）

❷ ❶つくし ❷こい ❸へい ❹とり

❸ （みぎから じゅんに）とり・つくし・へい・こい

てびき

❷ 書き順に注意して、正しい形で書きましょう。「く」や「つ」、「し」は、曲げるところに気をつけましょう。

あいうえおの うた／あいうえおの ことばを あつめよう ほか

10・11ページ きほんのワーク

❶ （しょうりゃく）

❷ ❶あお ❷いし ❸つえ ❹うし

❸ 1 （しょうりゃく）
2 ㋐ありのこ ㋐あちこち ㋐あいうえお
3 （しょうりゃく）

てびき

❸ 1 詩を読むときは、正しい姿勢で、口を大きく開けて、はっきりした声で読みましょう。「お」は口の形が縦長に、「い」や「え」は横長になります。「うしじゃん」「えんしょく」「おしさま」などのまちがえやすい発音に注意して、一音一音をはっきりと発音するようにしましょう。

3 「あ」と「お」は、形が似ています。「あ」は、書き順も難しいので、注意しましょう。

あめですよ

12・13ページ きほんのワーク

❶ （しょうりゃく）

❷ ❶あめ ❷かさ ❸くさ ❹つめ

❸ 1 （しょうりゃく）
2 あめ
3 ㋐
4 あかい かさ（と）あかい（ながぐつ。）

てびき

❸ 2 詩に「あめ あめ」と書かれていて、絵のみんなも、雨の中を歩いています。

3 「らん らん らん」とあるところから、雨の中を「あかい かさ」や「あかい ながぐつ」で歩くことが楽しく、雨が大好きであることがうかがえます。

4 女の子の格好は、詩の最後のまとまりに書かれています。赤いかさを差し、赤い長ぐつをはいています。

ふたと ぶた

14・15ページ きほんのワーク

❶ （しょうりゃく）

❷ 1 ❶つなひき ❷ゆびわ ❸えんぴつ
2 ❶ふた→ぶた ❷さる→ざる
3 ❸はね→ばね ❹こま→ごま ❺たい→だい

てびき

❷ 濁点《だくてん》（゛）・半濁点（゜）の書き方を覚えましょう。濁点は、左の点→右の点の順に書きます。数字の「0」は上から反時計回りに書きますが、半濁点は、下から時計回りに書きます。注意しましょう。正しい書き順で書くことで、美しい字を書くことができます。ひらがなを習い始めの時期に、しっかりと身につけましょう。

みんなに はなそう

16・17ページ きほんのワーク

❶ （しょうりゃく）

❷ てんとうむし

❸ 1 （しょうりゃく）
2 つばめ・さかな

教科書ワーク

こたえとてびき

「こたえとてびき」は、とりはずすことができます。

東京書籍版

こくご1ねん

つかいかた

まちがえた問題は、もういちどよく読んで、なぜまちがえたのかを考えましょう。正しい答えを知るだけでなく、なぜそうなるかを考えることが大切です。

きこえるよ よろしくね

4・5ページ きほんのワーク

❶
1 （しょうりゃく）
2 れいきを　たたいて　いる。
3 （じゅんじょ　なし）くま・きつね・りす・とり・たぬき
4 れいたのしいね。〈またはいっしょに　おどろうよ。など〉

❷
1 （しょうりゃく）
2 （しょうりゃく）

てびき

❶ 2　子どもたちと動物たちが、リズムに合わせて手をたたいたり、踊ったりしている場面です。その中で、水玉模様の服を着た子は切り株をたたいています。

3　子どもたちの周りでは、くま・きつね・りすなどの動物たちが楽しそうに過ごしています。

4　楽しそうな子どもたちの様子から、会話を自由に想像しましょう。

❷　新しい友達や、クラスのみんなの前で自己しょうかいするときは、「わたしは……だよ。」という言い方ではなく、「わたし（のなまえ）は……です。」とていねいな言い方をしましょう。名前を言うときに、好きなものの絵といっしょに、自分の名前を大きく書いたカードを見せるなどの工夫をすると、早く覚えてもらえるでしょう。

たのしく かこう／なんて いうのかな こえを とどけよう

6・7ページ きほんのワーク

❶ 下の図に〇
❷ （しょうりゃく）
❸ ❶おはよう。
❷おはようございます。
❸ありがとう。
❹ ❶上の図に〇
❷下の図に〇

てびき

❶・❷　整った字を書くためには、書くときの姿勢や、えんぴつの持ち方が大切です。えんぴつは、親指と人差し指ではさむように持ち、中指で支えます。

❸ ❷先生や目上の人に対しては、「おはよう。」ではなく、「おはようございます。」と、ていねいな言い方をします。

昼間、知っている人に会ったときは、「こんにちは。」、夜は、「こんばんは。」と言います。あいさつを、大きな声ではっきりと言えるようになりましょう。

❸「ありがとう。」も、目上の人に対しては、「ありがとうございます。」と、ていねいな言い方をしましょう。

3　いけ

てびき

❸ 身の回りを観察して発見したものを、みんなに話すときの言い方を覚えます。「わたし（ぼく）は、～で、……を　みつけました。」と、だれが、どこで、何を見つけたのかをはっきりと伝えましょう。また、「どこで　みつけましたか。」という場所をたずねる質問に、「○○で　みつけました。」と答えられるようにしましょう。

18・19ページ　ぶんを　つくろう　きほんのワーク

❶ （しょうりゃく）
❷ （しょうりゃく）
❸ ❶ねる。　❷はしる。　❸あつまる。
❹ 1　うまがはしる。
2　・きつねが　ころぶ。
・うさぎが　ねる。〈または　ねむる。〉
・さるが　わらう。
ほかの　れい　・はなが　さく。
・さかなが　およぐ。
・くもが　うかぶ。
・とりが　とぶ。
・くさが　はえる。

てびき

❸ 絵を見て、「いぬが——どうする。」の型で、いぬがどうしているのかが分かる文を作りましょう。

❹ 2　「だれ（何）が——どうする。」の型で文を作ることを確かめましょう。「どうする。」は、「どうした。」と過去形になってもかまいませんし、まだ習っていないひらがなは書けなくてもかまいません。文の最後に丸（。）を忘れずに書きましょう。

絵からは、他にもたくさんの文を作ることができます。ほかの　れいを参考に、探してみるのもよいでしょう。

20・21ページ　とん　こと　とん　はを　つかおう　きほんのワーク

❶ （しょうりゃく）
❷ ❶は、　❷は、
❸ ❶(あ)　❷(あ)　❸(い)
❹ 1　が
2　とん　こと　とん（。）
3　(い)
4　なかよし

てびき

❸ 言葉のあとにつく「は」は、「ワ」と読むので注意しましょう。

❹ 1　「おかしいな。なんだろう。」のあとに、「また、おとが　きこえます。」とあります。ねずみが、何を不思議に思ったのかを、正しく読み取りましょう。

2　「ねずみは、ゆかを　たたきました。」のすぐあとに、ゆかをたたいたときの音が「とん　こと　とん。」と書かれています。「とん　こと　とん。」を声に出して読みましょう。リズムよく、三回たたく様子が分かります。

3　「だれかが、とびらを　たたきました。」のあとの、「きみの　いえの　したに、ひっこして　きた　もぐらです。よろしくね。」という会話文に注目しましょう。「きみのいえ」とは、ねずみの家のことです。ねずみの家の下に引っこしてきたもぐらが、ねずみにあいさつをするために、とびらをたたいたのです。

4　ねずみと、ねずみの家の下に引っこしてきたもぐらの二人がどうなったのかは、「ふたりは」で始まる文に注目してとらえましょう。「ふたりは、なかよしに　なりました。」と書かれています。

さとうと しお／をへを つかおう きいて つたえよう

22・23ページ きほんのワーク

1 （しょうりゃく）

2 ①い　②あ　③あ　④い

3 い

てびき

2 言葉のあとにつく場合は、「を」「へ」と書いて、「オ」「エ」と読むので注意しましょう。

3 友達の話を聞いて伝えるとき、はじめに「（伝えることは）〇つあります。」のように、数を知らせると、聞き手に伝わりやすくなります。

さとうと しお をへを つかおう

24・25ページ まとめのテスト

1
1 さとう―あまい
しお―しおからい
2 あ
3 おいしく

2 ①を　②へ　③え・を

3 ①こうえんへ　②えを

てびき

1 1 「どんな あじが するでしょう。」のあとに、砂糖と塩の味が書かれています。正しく読み取りましょう。

2 「なにから できるのでしょう。」のあとに、それぞれ何からできているのかが書かれています。砂糖は「はたけの しょくぶつ」からできます。

3 最後の文に注目しましょう。「どちらも たべものを おいしく します。」と書かれています。

2 ③「えのぐ」の「え」は、ひとまとまりの言葉の一部なので「え」です。

3 ①「こうえん」②「え」は、それぞれひとまとまりの言葉なので「え」です。

ねこと ねっこ ことばあそび

26・27ページ きほんのワーク

1 （しょうりゃく）

2
1 ①ねっこ　②ねこ
2 ①きって　②せっけん

3 ①きもの　②のこぎり　③りす
④すみれ　⑤れんこん

てびき

2 1 「ねこ」と「ねっこ」を声に出して読みましょう。また、小さい「っ」は、ますの右上に書きます。「っ」の書き方も音も、しっかり確かめることが大切です。

3 「しりとり」では、前の言葉の最後の文字が、次の言葉の最初にきます。

あひるの あくび

28・29ページ きほんのワーク

1 （しょうりゃく）

2 ①はち　②らくだ　③たぬき

3
1 （しょうりゃく）
2 さかだち
3 なかよく
4 やまみち

てびき

3 五十音が織りこまれた言葉遊びの詩です。それぞれが、「あ〇〇〇　あ〇〇〇　あいうえお」「か〇〇〇　か〇〇〇　かきくけこ」という型になっていることを確かめましょう。楽しく音読し、絵も参考にしながら、えがかれている内容をとらえましょう。

30・31ページ れんしゅうのワーク

1 （しょうりゃく）
2 （しょうりゃく）
3 あかさたなはまやらわん
4 （しょうりゃく）

てびき
2・3 ひらがなの表は、縦に読んだり横に読んだりして、暗唱できるようにしましょう。

のばす おん

32・33ページ きほんのワーク

❶
1 ❶おばさん ❷おばあさん ❸おじさん ❹おじいさん
2 ❶ゆうやけ ❷ほうき ❸とけい ❹こおり
3 ❶おとうさん ❷おかあさん ❸おにいさん ❹おねえさん ❺おとうと ❻いもうと

❷ ❶(あ) ❷(い) ❸(あ) ❹(あ) ❺(い)

てびき
❶・❷ 「おばあさん」の「ばあ」や「おかあさん」の「かあ」などのア段の長音は、発音どおり、「あ」と書きます。
「おじいさん」の「じい」や「おにいさん」の「にい」のようなイ段の長音も、発音どおり、「い」と書きます。

「ふうせん」のようなウ段の長音も、発音どおり、「う」と書きます。

「おねえさん」の「ねえ」や、呼びかけの言葉の「ねえ、あそぼうよ。」のようなエ段の長音は、「え」と書きます。ただし、「とけい」「せんせい」「きれい」などの言葉は、「い」と書きます。注意しましょう。

「ほうき」の「ほう」や、「おとうさん」の「とう」のようなオ段の長音は、「オー」と発音しても「う」と書きます。ただし、「こおり」「おおかみ」「ほのお」「とおる」「おおきい」「とおい」のように、「お」と書く言葉もあるので、注意しましょう。

どう やって みを まもるのかな

34・35ページ きほんのワーク

1 やまあらし
2 (う)
3 どのように して みを まもるのでしょう。
4 たてて
5 うしろ
6 (あ)

てびき
この文章は、次のような組み立てになっています。
①動物のしょうかい…「これは、やまあらしです。……とげが あります。」
②問いかけ…「どのように して みを まもるのでしょう。」
③答え…「やまあらしは、……とげを たてます。」

1 最初の、動物のしょうかいが書いてある部分からとらえましょう。「これは、やまあらしです。」と書いてあります。

2 「これは、やまあらしです。」のあとに、動物の体の特徴《とくちょう》が書いてあります。「せなか」に「ながくて かたい とげ」とあります。

3 「しつもんして いる ぶん」とは、問いの文のことです。「どのように……でしょう。」という問いかけの表現に注目しましょう。

4・5 問いかけの答えが書いてある部分（「やまあらしは、……とげを たてます。」）から、やまあらしがどのようにして敵から身を守るのかをとらえましょう。敵が来たら、後ろ向きになって、とげを立てて身を守るのです。

6 動物のしょうかいと問いの文から、文章の話題をとらえましょう。題名も、話題をとらえる手がかりになります。(う)「やまあらしの からだの しくみ。」は、文章中にやまあらしの背中のとげについて書いてあるので、正解と思うかもしれません。しかし、とげについて書いてあるのは、身の守り方を説明するためなので、(う)は、まちがいです。

36・37ページ まとめのテスト

1
1 すかんく・まもる
2 くさい　しる
3 さかだち
4 ㋑

2
❶せんせい　❷せっけん

てびき

1
1 最初の二つの文にすかんくのしょうかいが書いてあり、その次に「どのようにして　みを　まもるのでしょう。」と問いの文があります。この三つの文から、この文章は、すかんくがどのようにして身を守るのかについて書いてあることが分かります。
2 二つ目の文に「すかんくの　おしりからは、くさい　しるが　でます。」とあります。
3 「てきが　きたら」で始まる文に注目して、すかんくが、敵が来たら最初にすることをおさえましょう。
4 「てきが　にげないと」で始まる文に注目しましょう。逆立ちをしても敵がにげないときに、すかんくは、おしりから、くさいしるをとばすのです。

2
❶は「せんせー」、❷は「せつけん」としないように気をつけましょう。小さい「っ」は、ますの右上に書きます。

いしやと　いしゃ／こんな　こと　したよ　38・39ページ きほんのワーク

❶
1 ㋑
2 びよういん・びょういん
3 ❶おもちゃ　❷あくしゅ　❸きんぎょ　❹でんしゃ

❷
1 きょう、あさがおにみずやりをしました。つぼみをひとつみつけました。さきがみずいろでした。はながさくのがたのしみです。
2 きょう
3 みずやり
4 みずいろ

てびき

❶ 小さい「ゃ・ゅ・ょ」は、「っ」と同じく、ますの右上に書きます。書いたら声を出して読み、書き方と音をいっしょに覚えましょう。

❷ 2・3・4 したことを、読む人に分かるように書くためには、「いつ」、「何をしたか」、「何が、どんなだったか」などをしっかりと書きましょう。
作文を読むときは、いちばん知らせたいことを、しっかりと読み取りましょう。この作文には、「はながさくのがたのしみです。」と書かれています。

おおきな　かぶ　40・41ページ きほんのワーク

1 かぶの　たね
2 ㋑・㋒
3 ぬけません。
4 おばあさん
5 うんとこしょ・どっこいしょ
6 ㋒

てびき

1 おじいさんが何をまいたかは、最初の文に書いてあります。物語の冒頭部分から、出来事の始まりをおさえましょう。
2 「あまい　あまい　かぶに　なれ。おおきな　おおきな　かぶに　なれ。」というおじいさんの言葉から考えましょう。おじいさんは、「あまい」「おおきな」かぶになってほしいと願っているのです。
3 「おじいさんは、かぶを　ぬこうと　しました。」のあとの、「ところが」を手がかりに考えましょう。〝おじいさんは、かぶをぬこうとした↓ところが↓かぶは　ぬけなかった〟という話の流れが分かります。
4 新しい登場人物をとらえましょう。41ページの一行空いた直後の文に、「おじいさんは、おばあさんを　よんで　きました。」とあります。行が空いているところは、場面が変わることを表している場合があるので、注意しましょう。
5 「うんとこしょ、どっこいしょ。」という言葉が二回出てきます。最初は、おじいさんだけ、二回目は、おじいさんとおばあさんの二人が言っています。
6 おじいさん、おばあさん、かぶの位置関係を問う問題です。「だれが」「だれ(何)を」引っ張ったのかに注目します。

42・43ページ まとめのテスト

1 かぶ
2 ❶おばあさん ❷ねこ
3 (「)うんとこしょ、どっこいしょ。(」)
4 ㋒
5 ㋑
6 ぬけました。

てびき

1 絵も参考にして、みんなが力を合わせてかぶをぬいている場面であることをとらえましょう。
2 「だれが」「だれを」引っ張ったのかに注意します。❶はおじいさんを、❷は犬を引っ張っています。
3 「 」がついている言葉が、登場人物が言っている言葉です。ここでは、「うんとこしょ、どっこいしょ。」が、みんながかぶを引っ張るときに言っている言葉です。そのまま書きぬくときは、点(、)や丸(。)を忘れないように注意しましょう。「 」は書かなくても正解です。
4 「うんとこしょ、どっこいしょ。」は、精いっぱい力を出して何かをするときのかけ声です。㋐「のんびりと」、㋑「いやそうに」は、文章から読み取れません。
5 すぐあとの「かぶは ぬけました」に注目すると、「ついに」という意味の「やっと」が入ると分かります。短い文を作って、「やっと」の使い方を確かめましょう。
6 最後の文に注目して、みんなで精いっぱい引っ張った結果をとらえましょう。

としょかんは どんな ところ
ことばあそびうたを つくろう ほか

44・45ページ きほんのワーク

❶ ❶ほん ❷みんな
❷ ❶㋐ ❷㋑ ❸㋑
❸ ❶ボール ❷クレヨン ❸サッカー ❹ジャングルジム
❹ ㋑
❺ ゴーヤ

てびき

❶ 学校の図書館には、たくさんの本があります。図書館の本は借りて帰ることができますが、みんなの本なので、大切にしましょう。
❷ ❶❷は、食べ物の食感を表す言葉です。❸は、あひるの鳴き声を表す言葉です。
❹ 絵日記には、したことだけではなく、そのときの様子や気持ちもいっしょに書きましょう。かわのさんは、きゅうりの「とげがいたくて、びっくりしました。」と書いています。

あるけ あるけ／きはなしたいな ききたいな

46・47ページ きほんのワーク

❶ 1 (しょうりゃく) 2 ちきゅう・あし 3 ㋐
❷ みどり・おひさま
❸ 1 ㋑・㋓ 2 ㋐・㋒
❹ ㋑

てびき

❶ 「どこどん どこどん」と「あるけ」がくり返されています。地球の大地をふみならして歩く様子を、〝たいこを たたく〟と表した詩です。実際に足をふみならしながら読んで、リズムを楽しみましょう。
3 「どこどん どこどん」と「あるけ」のくり返しから、この詩は力強く元気に読むとよいことが分かります。
❷ 木が、枝(て)を大きく広げ、地面にしっかりと張った根(あし)から水を吸い上げ、

太陽の光を浴びて緑の葉をしげらせている様子をえがいた詩です。

❸ 話すときは、聞き手のことを考えて、聞きやすく分かりやすいように話しましょう。また、聞くときは、話し手のことを考えて、話し手が話しやすいような態度で聞くことが大切です。話している間は静かにし、話し終わったら質問します。

❹ 休み時間に友達とおしゃべりを楽しむときと、授業中など改まった場面とでは、言葉づかいを区別しましょう。質問するときのていねいな言い方には、「……ですか。」「……ますか。」「……でしょうか。」などがあります。

かぞえうた

48・49ページ　きほんのワーク

❶ いち、に、さん、し〈よん〉、ご、ろく、しち〈なな〉、はち、く〈きゅう〉、じゅう〈とお〉。

❷ ひと（つ）、ふた（つ）、みっ（つ）、よっ（つ）、いつ（つ）、むっ（つ）、なな（つ）、やっ（つ）、ここの（つ）、とお〈じゅう〉。

❸ ❶四（よん）ほん　❷三（さん）だい　❸六（ろっ）ぴき　❹十（じゅう）まい　❺五（ご）はい

❹ ❶ひとり　❷ふたり　❸よにん

てびき

❷ 「十」は、「とお」を「とう」と書きまちがえないように注意しましょう。

❸ 数えるものによって、あとに続く言葉は決まっています。また、数を表す漢字の読み方も変わります。いろいろなものの数え方を、一から十まで言ってみましょう。

数える言葉のほかの例
くつ…一そく、二そく、～
はし…一ぜん、二ぜん、～
にわとり…一わ、二わ、～
ぞう…一とう、二とう、～

❹ 「ひとり」「ふたり」は特別な言い方です。三人以上は「～にん」と数えます。

かいがら

50・51ページ　きほんのワーク

1 うさぎの　こ〈または うさぎちゃん〉

2 どこ…うみ
なに…かいがら

3 きれい・ちがう

4 ❶あ　❷あ　❸う

5 う

てびき

1 最初の文に、「くまの　こが、うさぎの　こに　いいました。」とあります。この、くまの子とうさぎの子が会話をしている場面から、お話が始まっていることが分かります。お話を読むときは、だれがどうしている場面なのかをとらえることが大切です。

2 この文章には、「　」のついた会話文がたくさん出てきます。それぞれ、だれが話したことなのかをとらえながら、読んでいきましょう。最初の「　」は、その前に「くまの　こが、うさぎの　こに　いいました。」とあるので、くまの子が話したことだと分かります。くまの子はうさぎの子に、「うみで　かいがらを　ひろって　きたよ。」と話しています。

3 くまの子の話を受けているので、「きれいね。みんな、ちがう　いろ。」は、うさぎの子が話していると分かります。くまの子から貝がらを見せてもらって、このように言っているのです。

4 二人の会話をよく読みましょう。うさぎの子がしま模様の貝がらを指して「これが　いちばん　すき。」と言ったのを聞いて、くまの子は、「ぼくと　いっしょだ。」と言ったのです。ここから、二人は同じしま模様の貝がらがいちばん好きなのだと分かります。

5 「もし、うさぎの　こが　ももいろの　かいがらを　すきだと　いったら、くまの　こは、おみやげに　あげる　つもりでした。も

もいろの　かいがらは、二ばんめに　きに　いって　いた　ものなのです。」とあります。ここから、くまの子は、うさぎの子に、貝がらをおみやげにあげようと思っていたのに、うさぎの子のいちばん好きな貝がらが、自分のいちばん好きな貝がらと同じだったので、あげられなかったことを読み取りましょう。

52・53ページ　まとめのテスト

1 しまもよう
2 ㋐
3 だいすきな・いい　もの
4 ほんとう・ありがとう
5 にっこり
6 ㋑

てびき

1 最初の文に、「しまもようの　かいがらを　もって」とあります。

2 くまの子から、しま模様の貝がらをあげると言われたとき、うさぎの子は、「だって、それは、いちばん　すきな　ものでしょう。」と言っています。また、しま模様の貝がらをもらったうさぎの子の様子から、くまの子も、うさぎの子も、この貝がらがいちばん好きなのだと分かります。

3 くまの子が考えたことを、文章から読み取りましょう。「くまの　こは、だいすきな　ともだちには、いちばん　いい　ものを　あげようと　きめたのでした。」とあります。くまの子は、うさぎの子が大好きだから、いちばんいいものをあげることに決めたのです。

4 くまの子が言った「だから、あげるんだ。」のあとの会話文に注目しましょう。うさぎの子は、くまの子の思いを知って、「ありがとう。ほんとうに　ありがとう。」と、心からの感謝を伝えました。

5 「それから、かいがらを　みみに　あてて」に続く部分に注目しましょう。『なみの　おとが　きこえて　きそう。』と、にっこりしました。」とあります。

6 4でとらえた、うさぎの子の「ありがとう。ほんとうに　ありがとう。」という言葉や、5でとらえた「かいがらを　みみに　あてて……にっこりしました。」というしぐさから、うさぎの子の喜ぶ気持ちを読み取りましょう。

かんじの　はなし

54・55ページ　きほんのワーク

❶ ❶やま・き　❷うえ　❸した
❷ ❶川　❷目　❸月　❹上
❸ ❶目　❷月　❸川　❹上　❺下
❹ 山の　上に　たつと、下には　おおきな　川や　たくさんの　木が　みえた。

てびき

❸ それぞれの形や印が、何を表しているのかを確かめましょう。❶「目」と❷「月」、❸「川」は、ものの形からできた漢字、❹「上」と❺「下」は、印からできた漢字です。

❹ 絵で表されている「山」「川」「木」は、ものの形からできた漢字です。「上」や「下」は、絵では表せないので、上を表すものは上が短い印、下を表すものは下が短い印で表していたのが、漢字になったものです。ほかにも、印からできた漢字には「一、二、三」などの漢数字や、「本」などがあります。

ありがとう

56・57ページ　きほんのワーク

❶ 1 （しょうりゃく）
2 ありがとう　ありがとう
3 とっても　いい
4 ㋒
5 ㋐
❷ ❶目　❷山・木

てびき

❶ 2 この詩は、最初と最後で「ありがとう／ありがとう」と同じ言葉をくり返してい

ます。作者が、「ありがとう」という言葉をとても大切に思っていることが分かります。

3　二つ目のまとまりの始めの言葉の「いえば」は、「ありがとう」と言えばということです。「いえば」に続く言葉から、「ありがとう」と言えば、どんな気持ちがするのかを読み取りましょう。

4　三つ目のまとまりの「いわれりゃ」も、「ありがとう」と言われると、ということです。「ありがとう」と言われると、「もっと／いい　きもち」がするというのです。

5　作者は詩の最初と最後に「ありがとう」をくり返し、「ありがとう」と言えば「とっても／いい　きもち」、「ありがとう」と言われれば、「もっと／いい　きもち」と書き、「ありがとう」を伝え合うことのすばらしさ、大切さを読み手に伝えています。

❷　②「山」は真ん中から、「木」は横棒から書きます。

サラダで　げんき　かたかなを　かこう　ほか

58・59ページ　きほんのワーク

❶ ①なか　②い　③いぬ　④おお
⑤ちい　⑥しろ　⑦ちから　⑧で

❷ ①中・入　②大・犬
③白　④力・出

❸ ①ア　②イ

❹ ①ハム　②サラダ　③トマト
④アフリカ　⑤キャベツ　⑥スプーン

☆ないようをつかもう！
(じゅんに) 6・4・1・2・5・3・7

てびき
❹ ⑤かたかなも、小さい「ャ」はますの右上に書きます。⑥「スプウン」とは書きません。かたかなでは、のばす音《おん》は「ー」を使います。注意しましょう。

サラダで　げんき

60・61ページ　れんしゅうのワーク

1　びょうき

2　おかあさん・げんき

3　サラダを　つくって

4　きゅうり…ウ
キャベツ…ア
トマト…イ

5　(1) だれ…のらねこ
どんな　ようす…のっそり
(2) ウ

てびき
1　最初の文に、「りっちゃんは、おかあさんが　びょうきなので、なにか　いい　ことを　して　あげたいと　おもいました。」とあります。理由を表す「……ので」に注目して、その前の部分から理由をとらえましょう。

2　――のすぐあとの文で、「もっと　もっと　いい　こと」の内容を説明しています。

3　「りっちゃんは、いっしょうけんめい　かんがえました。」のあとに、「あっ、そうだわ。」で始まる言葉があります。「あっ、そうだわ。」は、何かを思いついたときに言う言葉です。この言葉に続く部分から、りっちゃんがいっしょうけんめい考えて決めた、お母さんにしてあげることを読み取りましょう。

4　「りっちゃんは、サラダを　つくりはじめました。」のあとに、サラダに入れる野菜(きゅうり、キャベツ、トマト)をどのように切っているかが、具体的に書かれています。

5　(2) のらねこの言葉をよく読みましょう。サラダにかつおぶしを入れると、木登りが上手になるほど、「げんきに　なりますよ」と言っていますが、上手に木に登る方法を教えてくれたわけではないので、イはまちがいです。りっちゃんが野菜を切って大きなお皿にのせた後に、のらねこが入ってきたので、アもまちがいです。

サラダで げんき かたかなを かこう

62・63ページ まとめのテスト

1
1 せかせか
2 ア・エ
3 （じゅんじょ なし）あぶら・しお・す
4 はな・くりん くりん
5 （たちまち）げんきに なりました。

2
❶ミシン ❷ケーキ
❸クッキー
❹チューリップ

3
(1) ❶入 ❷大 ❸小 ❹出
(2) ❶―❹・❷―❸

てびき

1
1 「とつぜん」で始まる文に、飛行機からアフリカ象が降りてきたときの様子が書いてあります。「せかせかと」から、アフリカ象の急いでいる様子が分かります。

2・3・4 「これからが ぼくの しごと」と言ったあとで、アフリカ象がしたことが「しごと」の内容です。サラダに、油と塩とすで味をつけ、鼻でスプーンをにぎって、力強くまぜました。

5 りっちゃんが「おかあさん、さあ、いっしょに サラダを いただきましょ。」と言ったあと、りっちゃんのお母さんは、サラダを食べました。すると、お母さんは、「たちまち げんきに なりました」とあります。「たちまち」とは、「すぐに、急に」という意味です。

なにに 見えるかな

64・65ページ きほんのワーク

❶ ❶み ❷せんせい ❸き
❷ ❶見 ❷先生 ❸気
❸ 1 （じゅんじょ なし）まつぼっくり・どんぐり
2 ア・ウ

てびき

❸ 1 会話を読んでいくと、何をかたつむりの親子と言っているのかが分かります。まつぼっくりが「から」、どんぐりが「体」に見えると言っています。

2 楽しく会話をつなぐための工夫として、相手の話をよく聞き、感想を述べたり、質問をしたりすることが挙げられます。「かたつむりの……だね。」と友達の発言をくり返したり、「ほんとうだ。」と相づちを打ったりしています。また、「どれが……からなの。」などと質問しています。

よう日《び》と 日づけ

66・67ページ きほんのワーク

❶ ❶げつ ❷すい ❸もく
❹かね ❺つち ❻がつ
❷ ❶日 ❷火 ❸水 ❹金
❸ ❶ふつか ❷みっか ❸いつか
❹むいか ❺ようか ❻ここのか
❼とおか ❽はつか
❹ ❶一日 ❷七日
❺ ❶（にち） ❷月（げつ） ❸火（か）
❹水（すい） ❺木（もく） ❻金（きん）
❼土（ど）

てびき

❸ 日づけの読み方はまちがえやすいので、注意しましょう。特に「八日」と「四日」は音が似ているのでまちがえやすいです。

❹ ❶「一日」は、日づけを表すときだけ「ついたち」と読みます。「一日中、外で遊んでいた。」のような場合は「いちにち」と読むので、注意が必要です。

はっけんしたよ　ひらがなを　つかおう1

68・69ページ　きほんのワーク

❶ ❶はな　❷い　❸ぶん　❹おと　❺まち　❻じ

❷ ❶花　❷音　❸町　❹字

❸ 1　イ・エ
2　ア・ウ

❹ ❶は　❷を　❸へ　❹お・を　❺え・へ　❻わ・は

てびき

❸ 見たものを、分かりやすく説明するときに、大切な内容は何なのかを学びましょう。「いつ」「どこで」「なにを」のほかに、見たものをよく観察して分かったこと（色、形、大きさ、感触、音、動きなど）もくわしく書くとよいでしょう。

❹ 言葉のあとにつく場合は、「は」「へ」「を」を使います。

いろいろな　ふね　「のりものカード」を　つくろう　ほか

70・71ページ　きほんのワーク

❶ ❶ひと　❷やす　❸くるま　❹ほん

❷ ❶人　❷休　❸車　❹本

❸ ❶イ　❷ウ　❸ア

❹ ❶フェリー　❷ボート　❸ポンプ　❹ホース　❺カード　❻ヨット　❼バナナ

❺ ❶けす。　❷休む。　❸とる。　❹ある。　❺かける。

✪ **ないようをつかもう！**　（じゅんに）イ・エ・ア・ウ

いろいろな　ふね

72・73ページ　れんしゅうのワーク

1　じどう車・いっしょ

2　（じゅんじょ　なし）
きゃくしつ・車を　とめて　おく　ところ(。)

3　イ

4　さかなを　とる

5　さかなの　むれ・あみ

てびき

この文章は、初めにフェリーボートについて、次に漁船について説明しています。次のような組み立てになっています。

[フェリーボート]
役目…「フェリーボートは、……ための　ふねです。」
つくりや設備…「この　ふねの　中には、……きゃくしつで　休みます。」

[漁船]
役目…「ぎょせんは、……ための　ふねです。」
つくりや設備…「この　ふねは、さかなの……とります。」

1　「フェリーボートは、……ための　ふねです。」の「ための」に注目して、「ため」の前の部分から読み取りましょう。

2　「この　ふねの　中には、……や　……があります。」の「や」は、ものを並べて表すときに使われる言葉です。これに注目して、「や」の前後から二つ答えましょう。

3　「人は」という書き出しに注目して、車を船に入れてから、どこで休むのかをとらえましょう。

4　「ぎょせんは、……ための　ふねです。」の「ため」に注目しましょう。

5　ものを並べていう言葉の「や」に注目すると、「さかなの　むれを　見つける　きかい」と、「あみ」を積んでいることが分かります。「あみ」については、最後の文で、何をするあみかが具体的に説明されています。

いろいろな　ふね　まとめて　よぶ　ことば

74・75ページ　まとめのテスト

1　（みぎから　じゅんに）
しょうぼうてい・ふねの　火じを　けす。
ポンプや　ホース・くすり

2　1　❶ふね　❷きょうか　❸じどう車
2　❶[れい]ひまわり・さくら

〈またはチューリップ・あさがお　など〉

❷れいかぶとむし・かまきり〈またはとんぼ・あり　など〉

3 ❶くだもの〈またはフルーツ〉 ❷さかな ❸やさい ❹めん〈またはめんるい〉 ❺きのこ ❻おかし

4 たべもの

てびき

1 この文章は、次のような組み立てになっています。

消防てい

役目…「しょうぼうていは、……ための　ふねです。」

つくりや設備…「この　ふねは、……火をけします。」

文章のまとめ

「いろいろな　ふねが、それぞれの　やく目に　あうように　つくられて　います。」

「ふねの　やく目」は、「～ため」という言葉に注目して、読み取りましょう。「やく目のための　くふう」は、火事を消すという役目を果たすために、どんな設備があり、その設備をどのように使うかを読み取りましょう。

2 1 ❶「ふね」、❸「じどう車」さらに、「電車、飛行機」などを、広くまとめて呼ぶ言葉に「乗り物」があります。まとめて呼ぶ言葉を使うときは、最も適した言葉が何か考えるようにしましょう。

2 ❶は「たんぽぽ」や「ばら」など花の仲間になる言葉、❷は「ちょう」「あめんぼ」など昆虫《こんちゅう》の仲間になる言葉を二つずつ書くことができていれば正解です。

3 ❶❸果物と野菜をまちがえないようにしましょう。❷ひらめ、たいなどをまとめて呼ぶ言葉は「さかな」です。「むし」「さかな」「けもの」などをまとめた「どうぶつ」は、広すぎるので、適当とは言えません。

76・77ページ　きほんのワーク

すきな　きょうかを　はなそう／おもい出して　かこう　ほか

❶ ❶がっこう ❷おん

❷ ❶学校

❸ ❶ろうそく ❷ちきゅう ❸しょっき

❹ 1 ウ 2 からです

❺ 1 それから 2 「きれいになったね。」

てびき

4 1 自分の考えを話すときは、理由もいっしょに話しましょう。また、言葉がよく聞き取れるように、ゆっくり話すことも大切です。教室のみんなの前に立って発表するときは、大きな声で話しましょう。

2 わけを話すときは「～からです。」という言い方をします。

5 1 出来事を思い出して書くときは、したことを、した順番に書きましょう。そのとき、「それから」「そして」「つぎに」などの順序を表す言葉を使うと、読み手に分かりやすく伝わります。

2 人が話した言葉を書くときは、かぎ（「」）をつけましょう。特別な場合を除いて、かぎも一ますずつ使って書きます。話した言葉の終わりにつく丸（。）は、終わりのかぎ（」）と同じますの、右上に書きます。

78・79ページ　きほんのワーク

おとうとねずみ　チロ／かん字を　つかおう1　ほか

❶ ❶て ❷あか・あお ❸な ❹た ❺あ ❻みみ ❼こ ❽じん ❾おんな・こ

❷ ❶口 ❷年・男

❸ ❶川 ❷七 ❸四

❹ ❶イ ❷イ ❸ア

❺ ❶つたえる。 ❷あむ。 ❸のぼる。

ないようをつかもう！

☆ （じゅんに）3・1・2・4

おとうとねずみ　チロ

80・81ページ　れんしゅうのワーク

1 おばあちゃん
2 きょうだい・赤と　青・チョッキ
3 大よろこび
4 ❶赤　❷青　❸赤と　青
5 ウ

てびき

1 最初の文に注目すると、「三びきの　ねずみの　きょうだいの　ところへ、おばあちゃんから　手がみが　とどきました」とあります。

2 「それ（手がみ）には、こんな　ことが　かいて　ありました。」のあと、一行空いて、おばあちゃんの手紙の言葉が書かれています。解答らんの前後の言葉を手がかりにして、合う言葉を文章中から探して書きましょう。
　一つ目の（　）のあとには、「の　ために」とあるので、「おまえたち」が入ると考えられますが、（　）の前の「ねずみの」とつながらないので、ちがうと分かります。「きょうだい」が当てはまります。

　二つ目の（　）は、あとの「の　いろの」を、三つ目の（　）は、あとの「を　あんで　いる」を手がかりに考えましょう。

3 おばあちゃんの手紙の言葉のあとに、「三びきは　大よろこび」とあります。三びきが、おばあちゃんの手紙の言葉を読んで、喜んでいる様子が分かります。

4 三びきの会話に注目しましょう。会話のあとの「……が　いいました。」から、だれが話した言葉か分かります。
「赤が　いいな」…にいさんねずみ
「青が　すき」…ねえさんねずみ
「赤と　青」…おとうとねずみのチロ

5 チロは、にいさんねずみの「チロのは　ないよ。」という言葉、ねえさんねずみの「そうよ。青いのと　赤いのだけよ。」という言葉を聞いて、「ぼくのも　あるよ。」と言い返したものの、「ほんとうは、（おばあちゃんが、自分のチョッキもちゃんとあんでくれるかどうか）とても　しんぱい」だったのです。「もしかすると……しれません。」の文からも、チロの心配が読み取れます。

82・83ページ　まとめのテスト

1 チョッキ、あんでね。
〈[または]チョッキを　あんで　ほしい。〉
2 おばあちゃん
3 （けいとの）チョッキ・三
4 赤と　青の　よこじま（の　チョッキ）。
5 ウ
6 イ・エ

てびき

1 「チロは……いちばん　だいじな　ことを　いいました。」のすぐあとに、「ぼくにも　チョッキ、あんでね。」とあります。

2 「なん日か　たって」に注目して、場面の変化をとらえましょう。何日かたって、おばあちゃんから、小包みがとどいたのです。

3 「中には」の「中」とは、小包みの「中」ということです。

4 「いちばん　大きいのが、赤。つぎが、青。小さいのは、赤と　青の　よこじまでした。」とあります。いちばん年下のチロは、いちばん小さい、赤と青のよこじまのチョッキをもらったのです。

5 チロは、赤と青のよこじまのチョッキを見て、「だあいすき。」と言っています。さっそく、そのチョッキを着て木に登り、「しましまの　チョッキ、ありがとう。」とさけんだことからも、チロがうれしく思っていることが分かります。

6 遠くのおばあちゃんに向かってさけんでいることから、大きな声で言っていることが分かります。また、「こんどは　ゆっくり　いいました」と書いてあります。

みみずの たいそう
むかしばなしを たのしもう

84・85ページ きほんのワーク

❶ ❶う

❷ 1 （しょうりゃく）
2 たいそう
3 イ
4 ぴいん・そと

❸ 1 イ
2 日本一の 花さかじい

てびき

❷ 2 「もつれて のびて」という動きを、みみずが土の中から元気よくとび出て、くねくねする様子にたとえて、「みみずのたいそう」と表現しています。

3 「つちの なかから とびだして／みみずの たいそう／ぴん ぴこ ぴん」や、「はりきり はじけて／はねすぎて」から考えましょう。みみずが、土の上で大きくとびはねている様子が読み取れます。「ぴん ぴこ ぴん」という言葉からも、体を大きくのばしてとび上がり、地面に着くと同時に体を縮め、またとび上がるという元気いっぱいの様子が想像できます。「ぴん ぴこ ぴん」と言いながら、体を動かしてみましょう。

4 「はりきり はじけて／はねすぎて」のあとに注目しましょう。はねすぎたために、「ぴん ぴこ ぴん」が、「ぴん ぴこ／ぴいん」となっています。言葉の使い方のおもしろさを味わいましょう。

❸ 1 「じいさまが、はいを どんどん まくと、花も どんどん さいて いく。」とあることから、灰をまくと花がさいていくことが分かります。

2 じいさまが花をさかせているところに通りかかったとのさまは、見事にさいている花を見て、「あっぱれ、日本一の 花さかじい。」とほめました。

おはなしを かこう
かたかなの かたち ほか

86・87ページ きほんのワーク

❶ ❶たい ❷むら

❷ ❶村

❸ ❶三・車 ❷六 ❸上・下 ❹青・目 ❺耳 ❻口・中

❹ ア・ウ

❺ イ

❻ カモメ

❼ ❶ソーセージ ❷ライオン ❸ネクタイ ❹シャワー ❺バケツ

てびき

❹ お話を考えるときは、まずどんな人物を書きたいかを考えましょう。その人物の性格や得意なことを考え、そのうえでその人物がお話の中でどんなことをするのかを考えます。

❺ 友達のお話を読み終えたら、そのお話のよかったところや、読み終えた感想を伝えましょう。

❻ 「カ」や「モ」のように、ひらがなと形が似ているかたかなを区別して書けるようにしましょう。

❼ 「ソ」と「ン」、「ク」と「ワ」、「シ」と「ツ」のように形が似ているかたかなは、どこがちがうのか確認《かくにん》しましょう。

子どもを まもる どうぶつたち
ことばを あつめよう

88・89ページ きほんのワーク

❶ ❶はやあし ❷し

❷ ❶早足

❸ ❶イ ❷ウ

❹ ❶イ ❷イ ❸ア ❹ア ❺ア ❻イ ❼ア ❽ア

☆ **ないようをつかもう！**
イ・ウ

てびき

❸ ❶は、「あまい」に続く言葉で「たべる」ものなので、「いちご」があてはまります。
❷は、「かいだん」に対する動作なので、「のぼる」があてはまります。

子どもを　まもる　どうぶつたち

90・91ページ　れんしゅうのワーク

1　にくを　たべる
2　くわえたり　かかえたり
3　イ
4　せなかに　のせて
5　もよう・からだ・つながって・目立たなく

てびき

1・2　最初の文に、「ライオンなど、にくを　たべる　どうぶつが……ふつう　くわえたり　かかえたり　して、はこびます。」とあります。肉を食べる動物は、肉をきちんとかみ切れるように、あごが大きくしっかりしているものが多いのです。

3　二文目に、「オオアリクイの　口は　ほそながい」とあります。オオアリクイは、肉を食べる動物とちがい、細長いアリの巣からアリを食べるため、細長い口をしているのです。

4　「そこで、オオアリクイの　おやは、……子どもを　せなかに　のせて　はこびます。」とあります。「そこで」は、前の内容を受けていて、「子どもを　くわえて　はこぶ　ことが　でき」ないオオアリクイが、どんなちえを使って子どもを守るのかという説明を続けているのです。

5　最後の文に注目しましょう。

子どもを　まもる　どうぶつたち　ことばを　あつめよう

92・93ページ　まとめのテスト

1

1　じゃり
2　イ
3　❶すから　とおざかります
　[または]すから　とおざかる
　❷なきごえ
　❸ひきずりながら
4　けがを　して　いる・ひなから　そらす（のです）

2

[れい]・❶あまい　❷だいこん　❸ゆっくり
❹たべる
・❶赤い　❷けいと　❸しずかに
❹まるめる

てびき

1　1　最初の文に、「コチドリは……すを、じゃりの　じめんに　つくります。」とあります。

2　コチドリは河原や畑などの、開けた土地の砂利《じゃり》の地面に巣を作ります。そのため、ひなをかくすものがなく、敵にも見つかりやすいのです。ア「いわの　上に　ある」、ウ「てきの　すが、……ある」は、文章に書いていないのでまちがいです。

3・4　「そこで」からの文章に注目しましょう。コチドリの親は敵を見つけると、早足で巣から遠ざかり、鳴き声を上げたり、羽をはばたかせたりします。この行動で、敵の目を自分にひきつけているのです。さらに、羽をひきずりながら巣からはなれていきます。けがをしているふりをしてさらに敵の注意をひくためです。このように、敵の目を自分に向けることで、ひなへの注意をそらし、ひなを敵から守っているのです。

2　❶～❹からそれぞれ一つずつ言葉を選び、文として成り立っていれば正解です。ほかにも、「白い　さかなを　せかせか　たべる。」や、「大きい　とびらを　しずかに　たたく。」など、いろいろな組み合わせがあるので、作ってみましょう。ただし、❷で「けいと」、❹で「たべる」を選ぶなど、文が成り立たない組み合わせもあるので注意が必要です。

小学校の　ことを　しょうかいしよう　かん字を　つかおう3

94・95ページ　きほんのワーク

❶　❶しょうがっこう・にゅうがく
❷そく　❸しゅ　❹みぎ・ひだり
❺た　❻にせんよんひゃくえん

❷　❶右・左

❸　❶山・五・木

❹　1　[はる]どうぶつえん
[なつ]プール
[あき]音がくかい
2　イ

てびき

4 それぞれの段落が、「はるは……」「なつは……」「あきは……」と季節ごとにまとめられていることに注目しましょう。

1 「はるは、えん足で　どうぶつえんに　いきます。」「なつは、プールに　入ります。」「あきは、音がくかいで……えんそうします。」と、それぞれの段落の初めに、かわのさんが一年生にしょうかいしたいことがはっきりと述べられています。

2 かわのさんの話は、春↓夏↓秋と、季節の移り変わりの順に学校のしょうかいしたいことがまとめられています。

ですから、ア「かわのさんが　たのしかったと　おもう　ことから……はなしている。」はまちがいです。

また、それぞれの季節のできごとについて簡単に分かりやすくまとめて説明しているので、ウ「だれが　なにを　したか　こまかく　はなして」はいません。

スイミー

96・97ページ　きほんのワーク

❶ ❶かい　❷ひとくち
❸すいちゅう　❹いと
❺は　❻はやし

❷ ❶貝　❷水中
❸糸　❹林

❸ ❶ゼリー　❷ブルドーザー

❹ ❶たき　❷わたあめ
❸おぼん　❹うみ

ないようをつかもう！

(じゅんに)(1)・2・4・3・(5)

てびき

4 たとえには、ある物をほかの似ているものにたとえることで、その物の様子などを分かりやすく伝える効果があります。

❶は、「たきのような」があることで、強く激しい雨であることが分かります。

❷は、「わたあめみたいな」があることで、ふわふわとした雪であることが分かります。

❸は、「おぼんのような」があることで、真ん丸の月(満月)であることが分かります。

❹は、「うみみたいな」があることで、大きなプールであることが分かります。

98・99ページ　れんしゅうのワーク

1 ウ

2 にげた

3 ❶こわかった
❷さびしかった
❸かなしかった

4 げん気を　とりもどした

5 ❶にじいろの　ゼリー
❷水中ブルドーザー

てびき

1 「ミサイルみたいに　つっこんで　きた」というたとえの表現が、まぐろのどんな様子を表しているかをとらえます。スイミーたちにまっすぐおそいかかる、まぐろのおそろしい様子が伝わってきます。

2 「一ぴき　のこらず　のみこんだ」とは、全て飲みこんだということです。まぐろは、小さな赤い魚たちを全て飲みこんでしまったのです。「にげたのは　スイミーだけ。」から、スイミー一ぴきだけがにげて、助かったことが分かります。

3 小さな赤い魚(きょうだい)たちを失って、一ぴきだけで泳いでいるスイミーの気持ちを想像しましょう。本文には「こわかった。さびしかった。とても　かなしかった。」と書かれています。答えを入れる文の前半で表されている状況と、最も強く結びつく気持ちはどれか考えましょう。

4 一ぴきだけになり、さびしく、悲しかったスイミー。「けれど」という言葉に注目して、スイミーの心の変化をとらえましょう。「おもしろい ものを 見る たびに、スイミーは だんだん げん気を とりもどした。」とあります。

5 スイミーが海の中で見た、すばらしいものやおもしろいものの様子を、たとえを使って印象的に表しています。
「にじいろの ゼリーのような くらげ。」からは、きらきらとすき通っていて、ぷるぷるしたくらげの様子が思いうかびます。

「水中ブルドーザーみたいな いせえび。」からは、ブルドーザーのようにいかめしく、金属のようなこうらを持ったいせえびの様子が思いうかびます。

100・101ページ まとめのテスト

1 たべられて しまう
2 (1) ア
(2) (じゅんじょ なし)
いろいろ・うんと
3 大きな さかな・いっしょ
4 (じゅんじょ なし)
・(けっして) はなればなれに ならない こと。
・(みんな) もちばを まもる こと。
5 ぼくが、目に なろう。

てびき

1 小さな赤い魚たちは、スイミーが「出て こいよ。」とさそうのに対して、「だめだよ。大きな さかなに、たべられて しまうよ。」と、外に出れらないわけを話しています。
2 (1) スイミーは、小さな赤い魚たちに「出て こいよ。みんなで あそぼう。」とさそいかけているので、イの「そとに 出ないで」や、ウの「とおくまで にげる」というのはまちがいです。
3 スイミーがとつぜんさけんだのは、よい方法を思いついたからです。その方法は、「そうだ。」で始まるスイミーの言葉から読み取れます。
4 「スイミーは おしえた。」のあとに続く二文に注目しましょう。スイミーが何をみんなに教えたかが、「…こと。」「…こと。」と並べて二つ書かれています。
5 スイミーが言った言葉を答える問題なので「 」のつく言葉に注目しましょう。点(、)や丸(。)も忘れず書きましょう。
物語の初めに、スイミーが「からす貝よりも まっくろ」な魚であることが書かれていました。スイミーは、赤い小さな魚たちの中で、大きな赤い魚の目のふりをするという自分の役割と、居場所を見つけたのです。

かたちの にて いる かん字 一年かんの おもいでブック ほか

102・103ページ きほんのワーク

❶ ❶にん ❷あめ ❸くさ・むし ❹ゆう・そら
❷ ❶正 ❷森 ❸天気 ❹竹
❸ ❶王・玉 ❷右・石 ❸白・百
❹ ❶× 土 ❷× 見 ❸× 学 ❹× 入 ❺× 木 ❻× 日

てびき

❸ 点を打つか打たないか、つき出るかつき出ないかなど、形の似ている漢字のちがう部分に注意して覚えましょう。
❹ まちがいを見つけたら、正しい漢字とどこがちがうのか確認《にん》しましょう。

花さかじいさん

104ページ **まとめのテスト**

1 大ばん　小ばん
2 なまけもの
3 ウ

てびき

1 最初の文に、「とのさまは、じいさまとばあさまに、大ばん　小ばんを、たくさんくれた。」とあります。あとで「なまけもののじいさま」が、「わたしも　花を　さかせて　ごらんに　入れましょう」と言っているところから、との様は、「じいさまとばあさま」が花をさかせたほうびに、「大ばん小ばん」をくれたことが分かります。

2 「それを　見て　いた、なまけものの　じいさまが　とび出した。」とあります。「それ」とは、働き者のじいさまが、灰をまいて花をさかせ、ほうびをたくさんもらったことです。なまけ者のじいさまは、働き者のじいさまのまねをすれば、自分もほうびがもらえると思い、「わたしも　花を　さかせて　ごらんに入れましょう」と言っています。

3 「花は　さくどころか」に注目しましょう。「花は　さくどころか」とは、「花はさかず、それどころか悪いことが起きた」という意味を表します。灰は風にのって、とのさまの目、鼻、口に入ってしまいました。とのさまの怒りを買ったなまけ者のじいさまは、「おともの　さむらいに、さんざん　たたかれて、ろうやに　入れられて　しまった」のです。

夏休《なつやす》みの　テスト①

★

1 むね

2 ㋐

3 「こどう」

4 ち

5 （順序なし）さんそ・えいよう

てびき

★ 1 最初の文に注目します。「むねで　ドクドク　いって　いるのが、しんぞう。」とあるので、「しんぞう」が「むね」にあることが分かります。「ドクドク」は、心臓が血を送り出している音です。

2 二つ目の文に注目します。「しんぞうは、うまれてから　いちども　やすむ　こと　なく　うごきつづけます。」とあるので、㋐の「うまれてから　いちども　やすまず　うごきつづける。」が正解です。心臓は私たちがねている間も休まないで動いているのです。

3 三つ目の文に注目します。「その　うごきの　ことを『こどう』と　いいます。」とあります。「その」は前の文の内容を指しています。つまり、「うまれてから　いちども　やすむ　こと　なく　うごきつづけ」ている心臓の動きを「こどう」というのです。

4 四つ目の文に注目します。「しんぞうは、ぜんしんに　ちを　おくりだす　ポンプです。」とあります。「ポンプ」は、水などの液体を送り出すための道具です。

5 最後の文に注目します。「ちの　なかには、さんそや　えいようが　あって」とあります。「さんそ」も「えいよう」も、人間が生きるのに必要なものです。心臓は、血を全身に送り出すことで、血にふくまれる大切な酸素や栄養を全身に送り出しているのです。

夏休《なつやす》みの　テスト②

1 ❶㋑　❷㋑　❸㋐　❹㋑

2 ❶かっぱ　❷ぼうし　❸ふうせん　❹おねえさん　❺ちきゅう　❻じてんしゃ

3 ❶さかなが　はねる。　❷くまが　ころぶ。

4 ❶は・を　❷は・へ　❸は・を・へ

5 が~~つ~~こう→っ・てつぼう~~お~~→を

てびき

1 ❶濁音《だくおん》、半濁音を区別できるようにしましょう。❷「おとうと」のようなオ段の長音は、「オー」と発音しても「う」と書きます。ただし、「こおり」「とおい」のように、「お」と書く言葉もあるので注意しましょう。❸❹小さい「ゃ・ゅ・ょ」「っ」を区別できるようにしましょう。

2 ❶小さい「っ」はマスの右上に書きます。読み方にも注意しましょう。「ぱ」の半濁点「゜」の位置にも気をつけましょう。❷「ぼうし」のようなオ段の長音は、「オー」と発音しても「う」と書きます。「ぼ」の濁点「゛」の位置にも注意しましょう。❸「ふうせん」のようなウ段の長音は、発音どおり「う」と書きます。❹「おねえさん」のようなエ段の長音は、「え」と書きます。ただし、「とけい」「せんせい」のように「い」と書く言葉もあるので注意しましょう。

3 絵を見て「だれ（何）が――どうする。」の型で文を作りましょう。文の最後には丸（。）を書きます。

4 「は」「を」「へ」を正しく使いましょう。「ぼく」「ほん」「へや」などの語のあとにつく場合は、「ワ」「オ」「エ」と発音しますが、「は」「を」「へ」と書きます。

5 文を声に出して読み、まちがいを探しましょう。「がつこう」は、「つ」を小さい「っ」に直します。「てつぼうお」の「お」は、「てつぼう」のあとにつく言葉なので、「を」と書きます。

冬《ふゆ》休みの テスト①

★

1 いろが ちがう

2 あじさい…みどり
ほかの 花たち…青

3 かなしい

4 あせらなく・ちがって

5 イ

てびき

★1 あじさいは、「だって、あたしだけ、みんなと いろが ちがうんだもの。」と言っています。

2 あじさいの色は、「その 花は、とても うすい みどりいろ」という部分から分かります。ほかの花たちは、「青あおと いろづいて いる」とあります。また、このあとで、あじさいは、「みんなは とっくに 青く なったのに」とも言っています。あじさいとほかの花たち（みんな）とは、色がちがっているのです。

3 あじさいは、「あたし、さびしくて、かなしいの。」と言っています。自分だけ、色が緑のままなのが、さびしくて悲しいのです。

4 マーくんは、あじさいをはげますことを、二つ言っています。一つは、「あせらなくても、そのうち、かわれるよ。」です。もう一つは、「みんなと いろが ちがったって、きみは きみだし、いいじゃない」です。つまり、あせらなくてもいいし、みんなと色がちがってもいいと言っているのです。

5 マーくんが「えっ。」と言ったのは、あじさいに、「じゃあ、マーくんは じぶんだけ、ほかの クマと いろが ちがっても、へいきなの？」と言われたからです。マーくんが思ってもいなかったことを、あじさいが言ったので、マーくんはおどろいたのです。

冬《ふゆ》休みの テスト②

1 ❶きん ❷はい ❸がっこう・せんせい ❹つき・で ❺しろ・しゃ

2 ❶赤 ❷文 ❸耳・立 ❹女・子 ❺手・土 ❻小・名

3 ❶四だい ❷三にん ❸五まい

4 ❶目 ❷川 ❸下 ❹木

5 ❶がっき ❷やさい

てびき

1 ❶曜日の読み方です。他の曜日も読み書きができるようにしましょう。❷「入」は「はい-る」「い-れる」、❹「出」は「で-る」「だ-す」のように複数の読み方があります。送りがなにも注意しましょう。

2 ❸「耳」は横棒の数をまちがえやすいので注意しましょう。❹「女」の書き順は「く」「女」「女」です。「くノ《の》一《いち》」と覚えるとよいでしょう。「子」の一画目は「フ」です。「了」の部分を一筆で書かないように気をつけましょう。❺「手」の四画目は、曲げてはねます。「土」は下の横棒を長く書きます。❻「小」は真ん中の縦画が一画目です。

3 ❶「だい」は、車や機械などを数えるときの言葉です。他に、自転車なども「だい」と数えます。❷人数を数えるときには、「にん（人）」を使います。

4 漢字の成り立ちを問う問題です。ものの形からできた漢字を「象形文字」、印をもとにできた漢字を「指事文字」といいます。❶・❷・❹は、ものの形からできた漢字です。❸は、位置を表した印からできた漢字です。

5 ❷は「たべもの」とすると、「ラーメン」や「ケーキ」なども仲間になるので、「やさい」のほうが適切であることを確認《にん》しておきましょう。

実力《じつりょく》はんていテスト　こたえと　てびき

学年まつの　テスト①

1　かぶとむしの　おす
2　ア
3　おなかが　いっぱい
4　よる
5　（順序なし）
・れい（しずかに）じゅえきを　なめて　いる。
・れい土の　中に　もぐって　いる。

てびき

1　最初の文に注目します。「じゅえきに　あつまる　虫の　中でも　いちばん　力が　つよいのは、かぶとむしの　おすです。」とあります。単に「かぶとむし」ではなく、「かぶとむしの　おす」となっているところに注意しましょう。

2　理由を表す「……ので」という言葉に注目します。ほかの虫が　かぶとむしのおすにかなわない理由を、二つ目の文で「からだも　いちばん　大きく　りっぱな　つのを　もって　いるので」と説明しています。イの「ながくて　大きな　あごを　もって　いる」のは、くわがたのおすです。

3　「おいはらわれる」という言葉を手がかりに、書かれている場所を探します。三段落目の二つ目の文に「かぶとむしの　おすでも　おなかが　いっぱいの　ときには、……おいはらわれる　ことも　あります。」と書かれています。

4　かぶとむしの活動については、最後の段落に書かれています。一つ目の文に「かぶとむしが　かつどうするのは、おもに　よるです。」とあります。

5　昼間の様子は、最後の段落の二つ目の文に書かれています。「……か……」という形で、二つのことが書かれているので、二つに分けて答えます。

学年まつの　テスト②

1　❶かい　❷ただ　❸はやし・むし　❹ひだり・みぎ　❺あお・いと
2　❶百　❷雨　❸千・円　❹森・村　❺田・石　❻夕・空
3　❶アイロン　❷シャワー　❸オルガン
4　（右からじゅんに）❶早・草　❷王・玉
5　（右からじゅんに）❶じん・ひと・にん　❷う・い・は

てびき

1　❶「貝」は「見」と形が似ているので注意しましょう。❹「左」は、上の横画（左）が一画目になりますが、「右」は、左はらい（右）が一画目です。筆順のちがいに注意しましょう。

2　❶「百」は「白」と、❸「千」は「十」と、❺「石」は「右」と形が似ているので注意しましょう。❷「雨」は点の数に注意しましょう。

3　かたかなの「ア」と「マ」、「シ」と「ツ」、「ン」と「ソ」は、形が似ているので、注意して書きましょう。「ン」の二画目は、下から右上へはらいます。「ソ」は、上から左下へはらいます。

4　❶の「草」の下の部分は、「早」と同じ形です。❷の「玉」から点を取ると、「王」になります。形が似ている漢字は、ちがいに注目して、正しく書き分けましょう。ほかにも、「人」と「入」、「貝」と「見」など、似ている漢字はいっしょに覚えると忘れにくくなります。

5　漢字のいろいろな読み方を覚えましょう。漢字の後の言葉や送りがなから、どのように読むのかを考えましょう。❷「生」には、他に「せい」「しょう」「い（かす）」などの読み方があります。

実力《じつりょく》はんていテスト こたえと てびき

かんじリレー①

1 二
2 四
3 七
4 九
5 三
6 八月
7 六・本
8 五・貝
9 十
10 田
11 水
12 竹
13 山・川
14 上
15 木・下

16 火
17 土
18 金・日
19 目
20 耳
21 口
22 手
23 足
24 虫
25 名
26 正
27 小・村
28 大・字
29 林・中
30 森・休

かんじリレー②

31 百
32 千円
33 白
34 青
35 赤・花
36 気
37 糸
38 入
39 王
40 文
41 天
42 女・子
43 男
44 学校
45 車・人

46 早
47 玉
48 犬
49 草
50 音
51 石
52 力
53 立
54 夕・空
55 町・雨
56 先・出
57 左・右・見
58 一年生

3 2 1 0 9 8 7 6 5 4
＊ ＊ D C B A